Réflexions Sur Le Traité De La Prière Publique De J. J. Duguet [par Don Fr. Lamy]...

Jacques Joseph Duguet

REFLEXIONS SUR LE TRAITÉ DE LA PRIERE PUBLIQUE.

A PARIS,
Chez NICOLAS LE CLERC, ruë S. Jacques, à l'Image S. Lambert, proche S. Yves.

M. DCCVIII.
Avec Approbation, & Privilege du Roy.

AVERTISSEMENT.

DE toutes les matieres de la vie spirituelle, il en est peu de plus importantes & de plus interessantes que celle dont il est traité dans cet Ecrit. Il suffit de dire qu'il s'agit de l'obligation de l'Office divin, à la priere publique, pour sçavoir si elle regarde [illegible] ceux qui sont dans l'Eglise; c'est [illegible] certaine affaire de ceux qui y a de Chapitres, de Chapelains, d'Abbayes, des Communautez, & en un mot, de cette obligation qui comprend le [illegible] les personnes de l'un & de l'autre sexe.

Comme il s'agit aussi dans ces saintes [illegible] entierement après des décisions [illegible] & [illegible] l'exercice de cette fonction, & de la maniere la plus ordinaire de leurs Confessions, & le [illegible] le plus [illegible] leurs peines & de leurs [illegible] [illegible] la condition

AVERTISSEMENT.

DE toutes les matieres de la vie spirituelle il en est peu de plus importantes & de plus interessantes que celle dont il est traité dans cet Ecrit. Il sufit de dire qu'il s'agit de l'obligation à l'Office divin, ou à la priere publique, pour sçavoir qu'elle regarde une infinité de corps dans l'Eglise. C'est l'importante affaire de tout ce qu'il y a de Chapitres, de Collegiales, d'Abbayes, de Communautez. En un mot, c'est une obligation qui comprend le Clergé & les Cloîtres de l'un & de l'autre sexe.

Combien d'ames dans ces saints lieux sont cruellement agitées de doutes, de craintes & d'inquiétudes sur l'exercice de cette fonction? C'est la matiere la plus ordinaire de leurs Confessions, & le sujet le plus fréquent de leurs peines & de leurs scrupules. Elles auront la consolation de trouver ici un homme qui fait un ſincere aveu des ſiennes, qui découvre ſes doutes, ſes inquiétudes, ſes ſcrupules, à l'illuſtre Auteur du *Traité de la Priére publique*, mais qui ne ſe rend pas aiſément aux expediens que cet Auteur a donnés pour l'accompliſſement de ce devoir; qui oſe bien même leur opoſer quelques difficultés, & lui propoſer quelquefois des vûes differentes des ſiennes, ſur les moyens de conſerver l'atention dans la pſalmodie & dans la priére. Tout cela poura ſervir, avec la grace de Dieu, aux ames bien intentionnées: mais troublées & alarmées ſur l'importance de ce devoir; & l'on eſpére qu'elles y trouveront quelques éclairciſſemens ſur le ſujet de leurs peines.

On avertit encore que les citations du *Traité de la Priére publique* que l'on trouvera dans cet Ecrit, ont été faites ſur la premiere édition de ce Traité, qui a paru à Paris en 1707. chez Jacques Eſtienne, ruë ſaint Jacques.

REFLEXIONS SUR LE TRAITÉ DE LA PRIERE PUBLIQUE.

VOUS n'ignorez pas apparemment, Monſieur, quelles ſont les menaces que l'on fait à votre *Traité de la Priere Publique.* Mais ne craignez rien de la part de ce petit écrit : il eſt pacifique, & dans ce qu'il contient & dans la maniere dont il eſt tourné. En voicy le ſujet.

Si-tôt que l'éloignement où j'étois de Paris, m'eût permis de lire ce Traité, je crus dés les premieres pages devoir trouver le calme de mes agitations, & la fin de mes peines ſur le ſujet du monde qui m'en a toûjours le plus donné.

La difficulté de fixer pendant de tres-longs Offices un eſprit naturellement volage & ſans ceſſe remué par les corps qui l'environnent, me donne ſouvent de vives inquietudes. L'extrême violence qu'il luy faut faire pour le rendre comme inſenſible à ces objets, & uniquement appliqué à un autre qui ne paroît point, qui ne frape point, qui n'a rien de ſenſible, & dont on ne peut, ni on ne doit ſe former aucune image; cette difficulté, dis-je, fait depuis longtemps le vrai ſujet de mes peines.

Je crûs donc, Monſieur, devoir trouver dans vos éclairciſſemens de quoi bannir mes inquietudes. Il eſt vrai cependant que je n'ai pas été aſſez hureux pour cela. Je veux croire c'eſt ma faute; & afin de vous mettre plus à portée d'en juger, & de me redreſſer; je vais vous expoſer ſimplement les diverſes impreſſions que cette lecture a formées ſur mon eſprit & ſur mon cœur: & les reflexions qu'elle m'a fait naître.

I.

J'eus d'abord une vraye joye de vous voir débuter par vouloir chercher un reméde à mes peines ; & je vous entendis, avec quelque complaiſance, avancer, que *le remede le plus ſeur & le plus naturel, ſeroit de reformer la longueur exceſſive des Offices, & de mettre une juſte proportion entre les prieres publiques & l'attention dont un homme de bien eſt capable.* [a]

[a] Pag. 3.

Une ſecrette diſpoſition de cœur me fit même trouver du plaiſir à vous entendre dire, qu'*en multipliant ainſi les prieres, on s'eſt exposé à les rendre inutiles : on a preſque étouffé la pieté en l'acablant ; on a tenté les forts qui gemissent sous un tel poids ; abatu les foibles qui y succombent ; & endurci les injustes qui le portent en murmurant , & qui deviennent plus criminels en abusant toûjours d'une priere qui devoit servir à les toucher , &c.* [a]

a Là-même.

II.

Mais , Monsieur , en tournant le feuillet , je trouvai ma joye bien troublée ; & vous reprimez étrangement ma vaine complaisance. Vous me faites tant de confusion d'avoir regardé comme un poids acablant l'obligation à l'Office divin; que j'en ai honte à l'heure qu'il est , & que peu s'en faut que je ne me repente même, Monsieur, de vous avoir écouté d'abord.

En effet rien n'est si charmant que les aimables portraits que vous nous faites ensuite de ce celeste emploi & du bonheur de ceux qui y sont destinés.

Hureux, dites-vous, *celuy qui habite déja dans les parvis de la celeste Jerusalem, qui adore dans son vestibule, & qui répond par ses cantiques à ceux dont cette sainte Cité retentit; qui se regarde comme le deputé des tribus d'Israël, pour loüer & rendre graces en leur nom & les representer devant le trône de Dieu! qui se considere comme affranchi des soins du siecle, comme étant déja citoyen du Ciel par son occupation & son mini-*

stere ; comme étant devenu semblable aux Anges, par son obligation d'être toûjours présent devant le Seigneur ! [a]

A de si vives & de si brillantes images qui ne se sentiroit pas piqué d'ambition pour un si honorable employ & pour une occupation si distinguée ? qui pourroit la trouver fatiguante ou ennuyeuse ?

En effet, ajoûtez-vous, *si l'obéïssance n'avoit pas reglé les devoirs d'un Chanoine, & qu'il dependît de son choix de paroître à certains tems devant le Seigneur ; pourroit-il, s'il avoit de la lumiere, donner des bornes à la faveur de son Maître, & ne pas regarder comme un bonheur infini la permission de le voir & de luy parler toûjours ?* [b]

a Pag. 18.

b Pag. 11.

Quelle consolation ne seroit-ce pas pour un homme plein d'amour & de foy, d'être toûjours devant les yeux de son Seigneur, & d'être certain de luy plaire par cette assiduité ? de pouvoir dans tous les tems se prosterner à ses pieds & d'y joüir d'un repos tranquille ; pendant que la terre est inondée d'affliction & de malheurs? de ne point craindre d'en être araché par de penibles soins, ou d'autres ministeres incompatibles avec un si saint & si doux loisir? [a]

a Pap. 1. & 12.

Est-il rien de plus insinuant de plus engageant, de plus enlevant ? mais il faut voir encore de quelle maniere vous nous piquez, Monsieur, par la vûë des soins & des travaux des autres hommes, par l'envie qu'ils nous portent, & par la comparaiſon que vous faites de leurs ſituations penibles avec le bonheur de la notre.

Combien, dites-vous, *de ſaints Artiſans & de pauvres deſireroient les miettes qui tombent de notre table? avec quel empreſſement & quelle faim viendroient-ils s'y aſſeoir s'il leur étoit permis? Une dure neceſſité les courbe vers la terre pour y chercher leur aliment & celuy de leurs familles. Depuis le matin juſques au ſoir, ils travaillent ſans relâche & ſans avoir un moment pour reſpirer. Ils tournent leurs yeux vers nous avec une ſainte envie. Ils nous eſtiment hureux d'avoir été affranchis du joug acablant qui les opprime, & d'avoir été dispensez de la dure penitence d'Adam : d'être délivrés non seulement de l'inquietude du lendemain ; mais des soins & du mal du jour present ; d'être rentrés dans le paradis dont le reste des hommes paroît exclus.* [a]

[a] Pag. 25. & 26.

Sur des peintures si vives & si flateuses, qui ne s'estimeroit pas hureux de se voir ainsi distingué & destiné par sa profession aux divins Offices ? je me confons donc & je meurs de honte de les avoir regardés comme un joug accablant & insuportable ; & détrompé de cette injuste idée que j'avois inconsiderément atachée à cet emploi, j'ai peine à m'empêcher de faire éclater ma joye.

Dans cette diſpoſition, Monſieur, je continuë donc à vous lire, me flatant que je ne ferai que m'y confirmer. Mais que de mécompte ! & qu'une paix que Dieu n'opere pas, à peu de conſiſtence ! A peine ai-je parcouru quelques pages de vôtre Traité, que je trouve qu'en vertu de cette ſituation que vous me dépeignez comme ſi dégagée, ſi libre, ſi affranchie de tout ſoin, de tout travail, de toute peine & en un mot, comme ſi calme, ſi tranquille, & ſi hureuſe, vous me rendez reſponſable de tous les pechés; de tous les maux, de tous les deſordres, & de toutes les calamités qui inondent la terre; & comme ſi j'étois chargé du ſoin de toutes les Egliſes ; vous prétendez que je ſuis comptable du ſalut, ou de la perte non ſeulement des peuples & des Magiſtrats, des Juges, & des Souverains; mais auſſi des Paſteurs; & de ceux que ſaint Paul appelle *diſpenſateurs des miſteres*.

Eſt-ce là, Monſieur, *ce ſaint & ce doux loiſir*, ce *tranquille repos*, & ce vrai *Paradis* dont vous venez de nous flatter? J'avois crû juſques icy ; que pour ſatisfaire à l'obligation de la pſalmodie, & de l'Office divin, il me ſuffiſoit (n'étant pas d'une vie fort diſſipée) d'aporter une aplication moderée, de n'admettre déliberément aucune diſtraction, & de m'humilier de la foule de celles qui malgré moy forcent ma vigilance. Mais que de mécomptes ! Vous voulez, Monſieur, que mes prieres ſoient ſi ardentes, ſi vives, ſi apliquées, ſi recueillies & ſi pures, qu'elles meritent de remplir les deſirs, les vœux, les beſoins des hommes de quelque condition & de quelque profeſſion qu'ils ſoient. Vous voulez que dans cet exercice je ſois leur voix, leur langue, leur interprete, leur mediateur, leur répondant ; à faute de quoy, vous les ſoulevez tous contre moy. Voicy vos effrayantes paroles.

Que répondrons-nous un jour à tant de perſonnes que nous avons trompées, & qui nous re-

demanderont avec justice, tout ce que nôtre lâcheté & nôtre cœur de glace leur auront fait perdre; Leurs desirs nous avoient esté confiez comme une semence précieuse que nous devions rendre feconde au centuple; nous étions leurs voix, & ils nous avoient choisis pour leurs interpretes. Ils nous avoient crûs zelés & fideles, puisque nous nous étions chargés d'être leurs mediateurs. Ils se reposoient sur nos soins & nôtre charité. Où pouront se cacher ceux qui auront tant d'accusateurs? a

a Page 27.

Aprés avoir ainsi soulevé les peuples, voicy ce que vous dites des Pasteurs, des Predicateurs, &c.

Mais si les hommes qui sont occupés des soins du corps, de l'agriculture & des arts, & qui ne peuvent prier que par intervalle, ont tant de raison de se plaindre de la tiédeur de ceux qui sont chargés de la priere publique ; combien de Pasteurs de l'Eglise, & tous ceux qui travaillent utilement à l'édifier & à l'instruire, ont-ils plus de droit de se plaindre de ce qu'on les laisse travailler sans les aider ?... [a] Ils ont raison d'accuser ceux qui sont particulierement chargés de ce soin, du peu de succés de leur fonction, de ce que leur ouvrage perit, ou de ce qu'il demeure imparfait.... [b] On doit même se prendre à eux de ce que la Campagne demeure couverte d'ossemens, de ce que les Prédicateurs ne ressuscitent presque personne ; de

[a] Page 28.

[b] Page 32.

ce que plusieurs Pasteurs sont muets, ou parlent presque sans fruit; de ce qu'ils manquent de zéle & de lumiere; de ce que leur exemple combat souvent leurs instructions; de ce que les peuples sont indociles ou indifferens pour la parole de vie. [a]

a Page 82.

Il ne vous suffit pas, Monsieur, de mettre sur nôtre compte tout ce qui regarde les Pasteurs & les Prédicateurs, vous y ajoutez *les Royaumes, les Armées, les Conseils publics, les Tribunaux où l'on rend la justice, l'exercice de l'autorité legitime, la paix des Provinces, le repos des familles, l'interest temporel de tous les particuliers......* [a] *On demandera compte*, ajoutez-vous, *à quiconque est chargé de la priere publique,*

b Page 85.

blique, du détail immense dont je viens de marquer légérement les principaux chefs.... [a] Appellez-vous cela, Monsieur, *ne marquer que légérement les principaux chefs de ce compte?* Que pouriez-vous y ajouter, qu'en disant qu'il comprend tout, & le bien & le mal?

a Là-même.

Mais c'est aussi ce que vous ne nous laissez pas deviner; *Quiconque*, dites-vous, *est chargé de la priere publique doit répondre de tout ce que cette priere est capable de produire. Le compte qu'il en rendra un jour sera bien plus étendu qu'il ne pense; & ce que l'ignorance de ses devoirs luy cache pendant les tenebres de cette vie, luy paroîtra devant le juste Juge bien terrible & bien effrayant.* [b]

b Page 33.

Qu'est-ce que cela, Monsieur ? & qui a jamais songé qu'en se jettant dans un Cloître de Chanoines ou de Religieux, pour fuir les perilleux emplois du siecle & de l'Eglise, & s'y sauver comme dans un esquif ; qui a, dis-je, songé que par là, il se chargeoit du plus acablant fardeau qu'il eût pû trouver dans le monde, &, selon vous-même, *du compte le plus terrible & le plus effrayant* qui se puisse imaginer ? Est-ce donc là cette situation, si paisible, si agreable, si tranquille, & si délicieuse dont vous venez de leur faire la peinture ? Est-ce là ce *Paradis* dont vous les avez flatés d'être actuellement en possession ? Où est cet affranchissement d'un joug acablant dont vous venez de les feliciter ? En est-il un comparable, en inquietude, en soin, en vigilance, & en chagrin,, *au compte terrible & effrayant* dont vous les chargez ? Est-ce là ce que vous appelez *avoir été dispensés de la dure pénitence d'Adam ?* Cette penitence consistoit à *manger son pai● à la sueur de son front.* Le pain de l'ame est la verité. Y a-t-il donc un travail pareil à celuy d'un hom- qui depuis le matin jusques au soir, & surtout pendant l'Office divin, combat sans cesse contre les distractions, fait mille efforts pour écarter les phantômes d'une imagination égarée, reduit ses sens en servitude ; & tout cela pour se nourrir d'un pain, dont à peine il peut, en tout un jour, recueillir quelques miettes? C'est assurement là une tres-dure penitence, & bien superieure à celle des Artisans les plus laborieux. Mais d'y ajouter encore celle d'être responsable, dans cet exercice, de tous les maux qui arivent sur la terre ; c'est l'excès de la torture & de l'acablement. Qui n'aimeroit infiniment mieux être condamné pour le reste de ses jours, aux plus durs travaux de l'agriculture, & n'avoir à répondre que de soy ? Par là, Monsieur, ne craignez-vous point, non seulement *d'endurcir les injustes*, mais aussi de *tenter les forts* ;

qui gémiront sous un tel poids & d'abbatre les foibles qui y succomberont?[a] Quel remede à un si grand mal, & quels moyens nous donnez-vous pour nous faciliter de si effrayantes obligations?

a Page 3.

IV.

Suffit-il de prononcer distinctement & gravement; de chanter à pleine voix, & de faire provision, avant l'heure de l'Office, de pensées édifiantes, comme un préservatif contre les distractions, ou comme un remede propre à les bannir?

Mais non: ce moyen ne vous plaît pas. Vous dites que *ce n'est point la memoire qui change les hommes: que les pen-*

ſées ſuggerées & qui n'ontpoint de racines dans le cœur, s'éfacent, ou ne conſolent pas, & qu'on a autant de peine à s'y apliquer, quand elles s'offrent à l'eſprit, ou à les appeler quand elles ſont abſentes, qu'à ſe rendre attentif à la priere, dont on eſt peu touché.[a]

a Page 45.

Et parce que l'on pouroit vous dire qu'on ſçait, par experience, qu'il eſt utile de rapeler certaines verités dont on a été quelquefois touché ; & qu'elles ſervent ſouvent à remplir de grands vuides dans la pſalmodie : vous répondez, Monſieur, qu'*on a pû d'abord être remué par des choſes qui paroiſſoient nouvelles, ou par des expreſſions qui avoient quelque raport à la maniere dont on eſt sensible ; mais que si le cœur ne se renouvelle point, cette nouveauté vieillit, & le mouvement, qui n'étoit que dans l'imagination & les sens, laisse la même immobilité, ou le même engourdissement dans la volonté.* a Là même.

Mais quoy donc, Monsieur, pour faire un salutaire usage de pensées touchantes, qu'on rapelle pendant la psalmodie; est-il necessaire de s'assurer que *l'imagination, ni les sens* n'ont point eu de part à leur *mouvement?* & que *leur nouveauté ne vieillira jamais?*

Si cela étoit, Monsieur, presque tout ce que vous nous dites de la ferveur & de la vivacité de la priere deviendroit fort suspect : car on ne peut guéres faire plus de cas que vous en faites, du sentiment, du goût, de la douceur, de l'attendrissement & des mouvemens sensibles dans la priere. C'est, selon vous, ce qui la rend pénétrante & efficace. Il est cependant fort à craindre que souvent tout cela ne soit que l'effet d'une imagination échauffée.

A l'égard des pensées édifiantes, dont vous dites que *la nouveauté vieillit*, c'est le sort des plus grandes & plus solides verités. On éprouve tous les jours que celles dont on a d'abord été plus vivement & plus agreablement touché, perdent, avec le tems, presque tout ce sel, deviennent insipides, & vous laissent tout de glace; & je voudrois bien,

bien, Monsieur, que vous voulussiez entreprendre de nous en donner la raison : mais je ne pense pas que cela doive nous empêcher d'en faire provision & usage pendant la psalmodie. Le moindre effet qu'elles puissent avoir est de bannir de l'esprit un grand nombre de distractions & de pensées ridicules.

Mais, Monsieur, ce n'est pas à l'esprit que vous voulez qu'on se prenne de ses égaremens dans la priere : c'est au cœur ; c'est de cette source que vous prétendez que vient tout le mal & tout le désordre de la priere. C'est à la guérison du cœur qu'il faut songer. D'acord, Monsieur, il s'en faut bien que je ne le croye ſain & innocent de nos égaremens : mais eſt-ce une choſe ſi aiſée que cette guériſon ? Eſt-ce là l'affaire d'un jour ? Eſt-ce même l'affaire d'un homme ? L'homme a-t-il ce pouvoir ? il ne faut que vous entendre un moment pour la reſolution de ces queſtions.

Comment, dites-vous, *guérit-on les maladies du cœur ? qui peut lui inſpirer du ſentiment & de la ferveur quand il eſt dégoûté ? qui eſt capable de le tirer de ſon engourdiſſement & de ſurmonter ſon indifference ? Il eſt viſible que c'eſt demander aux hommes ce qui ne convient qu'à Dieu, que de leur demander un remède contre la tiédeur*, *ou des forces pour soûtenir une volonté foible & languissante.* [a]

Mais, Monsieur, où en sommes-nous? si les maladies du cœur causent tant de dérangement dans la priere, & si presque tous ceux qui se jettent dans les Cloîtres de Chanoines ou de Religieux, n'y viennent que le cœur ulceré de milles playes, dont ils sont si long-temps à guérir; que deviendront leurs priéres, que deviendra leur psalmodie pendant tout ce temps? & n'est-il pas visible que l'attention qu'ils y doivent avoir sera interrompuë de mille chiméres, de mille extravagances, & de tous les mouvemens dont leur cœur est agité? Les rendrez-vous donc dés lors responsa-

[a] Page 9.

bles de tous les maux, & de tous les déſordres qui arivent dans le monde ? ſoulèverez-vous toute la terre contre la tiédeur & la foibleſſe de leurs prieres ? faut-il, parce qu'ils ſont malades, les rendre comptables des maladies de tout le genre humain ; eux qui ne s'eſtoient confinés dans un cloître que pour y chercher des remédes à leurs maux, & non pas pour entreprendre de guérir ceux des autres ?

V.

Vous dites ailleurs, Monſieur, que *le remède ſeur aux diſtractions n'eſt donc pas la ſeule vigilance, & moins encore un penible effort qui aug-*

mente l'ennui en augmentant le travail : mais que c'eſt un amour de Dieu ſincére & profond, qui guériſſe les ſecrettes maladies du cœur, qui rempliſſe ſes beſoins, qui fixe ſes inquiétudes, qui calme la fiévre ardente que la cupidité y avoit alumée, qui luy faſſe goûter combien le Seigneur eſt doux, & different de tout ce qu'il avoit cherché hors de lui.[a]

[a] Page 65

Perſonne, Monſieur, n'eſt plus perſuadé que je le ſuis de l'excellence de ce remède : mais ſi ſans cela on ne peut que mal prier, qui priera jamais bien ? qui peut ſe flater (je dis même aprés les trente & quarante années dans l'exercice de la priere) d'avoir pour Dieu cet amour *sincere & profond*, auquel vous attribuez un si grand nombre de merveilleux effets ? ne convenez-vous pas vous-même que *Dieu seul peut le répandre dans le cœur*, que *lui seul peut l'entretenir & l'augmenter*, & que *tous les conseils dont on peut remplir les écrits ne sont qu'une loy stérile, qui ne donnant point l'amour, ne sçauroit aprendre à aimer* ?[a]

a Page 9.

Que fera donc un homme qui ne le posséde pas ? ou du moins qui ne l'a pas dans ce degré d'activité & de ferveur, qui seul peut rendre ses prieres propres à obtenir des graces pour tous les hommes, & à s'acquiter par là de tout ce qu'il leur doit ?

Encore une fois donc, Monſieur, pour s'acquiter comme il faut de la Priere publique, l'homme a beſoin qu'on guériſſe ſon cœur, ou qu'on le lui renouvelle; & c'eſt ce qui n'eſt pas en ſon pouvoir; *un ſincere & profond amour de Dieu* lui eſt encore neceſſaire, & il peut auſſi peu ſe le donner. Que fera-t-il donc pour ſatisfaire à ſon engagement? que deviendra-il? & peut-il, en attendant ce précieux don, éviter de charger étrangement ſes comptes, & de multiplier ſes dettes à l'infini?

Dieu ſeul, dites-vous, *peut inſpirer ſon amour, & ſi nous avons de la foy, nous ne devons lui demander que cette grace.* a

a page 70.

Cela, Monſieur, ne répond

pas précisément à ma question. Mais d'ailleurs, vous voyez bien que demander à Dieu son amour, c'est le prier. Or il est ici question de ce qu'on doit faire pour bien prier. Vous dites que pour cela il faut *un sincere & profond amour de Dieu*. Celui donc qui en est encore à demander cet amour, ne peut que prier mal. En un mot, ou sa priere se fera par amour : & alors il demandera ce qu'il a déja ; ou elle se fera sans amour : & alors déstituée de ce qui lui est essentiel pour être bonne, elle n'obtiendra rien.

C'est une décision assez semblable que ce que vous dites en un autre endroit, que *le seul moyen de bien prier, est de demander à Dieu l'esprit de grace & de priere, & de l'obtenir.* [a]

a Page 46.

Mais si le seul veritable moyen de bien prier, est de demander l'esprit de priere & de l'obtenir, comment le demander ainsi quand on ne l'a pas? Le *demander* de maniere à *l'obtenir*, n'est-ce pas ce qui s'apelle bien prier? & est-il possible de *bien prier*, sans *le seul veritable moyen de bien prier?*

Vous reconnoissez vous-même, Monsieur, que *la priere qui demande la priere est une grace signalée.* [b] Mais je vous prie, cette grace signalée a-t-elle moins de besoin d'être demandée que la priere même? Il faudra donc, si

b Page 47.

cela eſt, une priere qui demande la priere de la priere ; & s'il en faut une troiſiéme pour obtenir la ſeconde, n'en faudra - t - il pas encore une quatriéme pour la troiſiéme, une cinquiéme pour la quatriéme ; & ainſi à l'infini de graces en graces, & de prieres en prieres ; & comme l'infini ne s'épuiſe pas ſi-tôt, & même qu'il ne s'épuiſe jamais, quand ſera-t-on en eſtat d'en venir à la priere principale, & de s'apliquer actuellement à celle qu'on a eu d'abord en vûë ?

Il ne faut, dites-vous, *que demander à Dieu l'eſprit de priere*. Cela paroît aiſé ; mais quelles diſpoſitions ne faut-il point pour l'obtenir ? Elles font telles, selon vous, que de mille ames, à peine se trouveront-elles en une seule. Prenez-y garde, Monsieur, voici celles à qui vous donnez sur cela l'exclusion.

Un don si précieux ne s'accorde point aux dispositions froides & languissantes de ceux, 1. Qui en connoissent peu la necessité. 2. Qui sont peu convaincus de leur impuissance, de leur dureté, de leur insensibilité. 3. Qui ne sçavent que d'une maniere superficielle combien le cœur est difficile à ressusciter. 4. Qui ignorent avec quelle obstination il est muet à l'égard de Dieu. 5. Qui ne connoissent pas quel est son dégoût pour les vrais biens. 6. Qui ne sentent pas quelle est sa létargie pour tout ce qui est salutaire. 7. *Qui ne s'aperçoivent pas de son aversion pour la vraye justice.* 8. *Qui ne voyent pas combien il est éloigné de desirer une santé contraire à ses plaisirs, ou au faux repos dans lequel il veut s'endormir.* [a]

a page 40.

De bonne foy, Monsieur, parcourez en esprit les hommes de toutes conditions : voyez s'il vous sera aisé d'en trouver beaucoup qui ne soient pas dans quelqu'une de ces funestes ignorances exclusives du précieux don de priere; & jugez aprés cela, qui seront ceux qui auront les dispositions necessaires à l'obtenir.

Est-ce donc là, Monsieur, un de ces faciles moyens de prier, & de nous acquiter de nos effrayantes obligations ?

Il ne faut, dites-vous, *que demander l'esprit de priere.* D'acord ; mais pour le demander de maniere à l'obtenir, vous exigez des dispositions dont il n'est pas même aisé de retenir le détail ; loin qu'il soit facile d'en avoir la réalité.

VI.

Mais enfin, Monsieur, je veux qu'on soit assez hureux pour être parvenu jusquà obtenir ce don précieux, *l'esprit de priere :* poura-t-on se flater de le conserver longtemps ? helas ! vous nous le representez d'une si extrême délicatesse ; vous le faites, s'il est permis de le dire, si jaloux & si ombrageux, que la moindre faute, la plus petite imperfection. un coup d'œil, *une raillerie*, (ce sont vos termes,) *une médisance, un moment de joye des fautes ou des afflictions de qui que ce soit peuvent le blesser, l'atrister & l'éloigner pour long-temps.*[a]

a Page 213.

L'esprit de priere, ajoutez-vous, *est incompatible avec mille imperfections que l'on aime: une curiosité, un mouvement d'orgueil, une action faite contre l'ordre, une legereté impunie, une faute negligée, une vaine complaisance dans sa justice, le desir de la louange & de l'aprobation dans les choses qui la meritent, sont capables d'éloigner cet esprit, d'obscurcir l'œil de l'ame, de rendre le cœur moins ſenſible & plus dur.* [a]

[a] Page 56. & 57.

Helas ! Monſieur, où ſeront les hommes de prieres, s'il n'en eſt qu'au prix que vous les faites ? où ſeront ceux qui s'acquiteront des terribles obligations dont vous les chargez ; s'il eſt vrai qu'ils ne le puiſſent ſans l'eſprit de priere, & qu'il ſoit ſi difficile de l'obtenir, & de le conſerver quand on l'a obtenu ?

VII.

Vous dites encore, Monſieur, que *pour obtenir & conſerver l'eſprit de priere, il faut beaucoup de vigilance, de mortification & d'humilité.* [b]

[b] Là-même.

Mais, mon Dieu, la vigilance, la mortification & l'humilité ſont-elles des dons plus communs & plus faciles à obtenir que la priere ? l'eſprit d'humilité eſt-il moins délicat que l'eſprit de priere ? la moindre élevation, la plus petite vanité, une foible complaiſance dans les aplaudiſſemens, l'encens le moins bien préparé, la loüange la plus juſte, ne ſont-ils point capables de le bleſſer & de l'éloigner ?

D'ailleurs, Monſieur, n'eſt-ce pas principalement par la priere qu'on doit travailler à bannir l'orgueil & à obtenir l'eſprit d'humilité ? & cependant vous me renvoyez à l'humilité pour obtenir la priere. Pour où commencer? qui

qui me tirera de ce cercle embaraſſant ?

Mais je veux qu'il ſoit moins difficile de s'humilier que de bien prier. La difficulté d'obtenir l'eſprit de priere m'eſt d'une bien plus funeſte conſequence, que la difficulté d'obtenir l'humilité. Quand aprés avoir demandé l'humilité, je ne l'obtiendray pas : ce refus ne me mettra pas pour cela dans la neceſſité de tomber dés le même jour, dans de gros pechés d'orgueil ; au lieu que ſi apres avoir, dés le matin, demandé l'eſprit de priere, je ſuis aſſez malhureux pour ne le pas obtenir ; toutes celles que ma profeſſion m'obligera de faire à differentes heures du jour, ſe faiſant ſans cet esprit ; c'est-à-dire , selon vous , Monsieur , sans *le seul veritable moyen de bien prier* , ne pouront qu'estre mauvaises , & ne serviront qu'à m'atirer l'indignation & la malediction de toute la terre : Je veux dire de tous ceux qui ne reçoivent nul secours de mes prieres, sur l'efficace desquelles ils avoient droit de compter.

De bonne foy , Monsieur , une telle condition peut-elle s'apeler hureuse ? ne seroit-il pas infiniment préferable de se condamner au galére par esprit de penitence , & se mettre par là en état de ne répondre que de soy ? & ne seroit-il pas de la charité , au moins pour ces sortes de personnes qui n'ont pas encore reçû le don de priere, de la leur abreger ?

Il semble que c'est ce que vous aviez insinué dés le commencement de vôtre Traité. Cependant vous dites dans la suite, comme en vous retractant, *qu'en vain on la rendroit plus courte à leur égard : qu'elle n'en deviendroit pas pour cela plus sainte.* [a] Mais au moins, Monsieur, en l'abrégeant on diminueroit le nombre de leurs pechés & de leurs obligations envers tout le genre humain ; & ce ne seroit pas un petit avantage : puisque, suivant vos principes, la plûpart de leurs prieres se tournent en pechés.

[a] Page 43.

D'ailleurs, Monsieur, je ne vois donc pas pour qui

vous avez témoigné souhaiter, dés le commencement de vôtre Ecrit, qu'on reformât la longueur excessive des Prieres. Car si c'est pour ceux qui n'ont pas encore reçû le don de priere, & à qui *leur longueur paroît insuportable, elles n'en deviendroient pas plus saintes* par cette reforme. Si c'est pour ceux qui ont reçû l'esprit de priere : rien ne leur seroit ni plus inutile ni plus fâcheux que cet abrégement. Car cet esprit, selon vous, Monsieur, les fortifie tellement & *aide* si extraordinairement *leur foiblesse* qu'il *les fait perseverer dans une priere continuelle, malgré la pesanteur de la chair, & l'importunité de ses besoins. Il n'est pas possible,* ajoûtez-vous, *d'arêter les soupirs de cet esprit vers le ciel; ou ses gemissemens contre une chair qui sert d'azile à la cupidité son ennemie. La priere exterieure & publique s'unissant à son gemissement secret le console ...& l'exercice de la psalmodie où il respire, & où il est en pleine liberté de faire éclater tout haut ses gemissemens & ses desirs, ne lui paroît jamais assez long, & ne l'afflige que lors qu'il finit.* [b]

b page 51;

Vous voyez, donc bien, Monsieur, que pour ces ames hureuses, en qui l'esprit de priere habite, l'abrégement des Offices, loin de leur être utile, leur seroit onereux. A qui poura-il donc être de quelque utilité?

Etrange ſituation que celle de toutes les autres ames! la longueur des Offices, les ſurcharge & les acable : leur *abrégement leur deviendroit inutile : leurs prieres n'en deviendroient pas plus ſaintes :* que faire donc dans la neceſſité de prier ſouvent & longtems ? que faire pour éviter le peché & ne s'atirer pas à toute heure de nouvelles condamnations & de nouvelles imprecations par ſa negligence & par la dureté de cœur inévitable, quand on n'a pas reçû l'eſprit de priere? Je vous avouë, Monſieur, que cela me déconcerte & me déſole. Je cherche dans toutes les belles choſes que vous nous dites ſur la priere, quelque éclairciſſement propre à me ſoûtenir, quelque eſpéce de conſolation dans ma miſere, quelque remede à mon mal; & je vous l'avouë, je ne l'ai pas encore trouvé.

IX.

Il eſt vrai que vous dites quelque part, que *ſi l'on ne peut prier, la douleur de ſa dureté tiendra lieu de priere.* a

a Page 48.

Mais, Monſieur, comment avoir cette douleur, ſi l'on n'a pas même un vrai deſir de prier; & ſi l'on ne regarde cet exercice qu'avec chagrin & dégoût? On n'a de la douleur que de ce qu'on ſe voit privé de ce que l'on deſire, & l'on ne deſire bien que ce que l'on aime. D'ailleurs, n'avoüez-vous pas que *c'est l'esprit de priere qui porte les Saints à gemir?* a Vous ajoûtez Monsieur, que *si l'on n'a aucune pensée ni aucun desir, l'affliction d'une sterilité si universelle sera recompensée d'une hureuse fecondité?* b

a Page 49.

b La même.

Mais qui me donnera cette bienhureuse affliction de ma stérilité, pendant que je n'ai ni *pensée ni aucun desir* du bien dont elle me prive? une pareille affliction dans une telle conjoncture, n'est-elle pas purement surnaturelle? est-elle moins difficile à obtenir, que l'esprit même de priere, & n'est-il pas encore certain, qu'il n'y a que cet esprit qui puisse le produire dans un degré propre à s'atirer une telle recompense? Enfin,

Enfin, Monsieur, vous ajoûtez, que *si l'on ne peut même s'affliger d'une si grande indigence, l'aveu d'une si triste disposition, s'il est humble & soutenu par l'esperance, obtiendra qu'elle change.* [a]

[a] Page 48.

C'est avoir senti tout le poids de la difficulté, que de l'avoir poussée jusques-là. Mais, Monsieur, je trouve qu'elle demeure toûjours la même, malgré la pénétration de vos lumieres. Car, encore une fois, qui nous donnera cette *humilité* & cette forte *esperance* capables d'obtenir un si merveilleux changement? Ces vertus sont-elles plus à nôtre portée que la priere, & la priere n'est-elle pas même le principal moyen que nous ayons pour les obtenir ? Aprenez-nous donc, s'il vous plaît, de quelle priere nous nous servirons pour les impetrer ; & puis nous les mettrons en usage pour déplorer nôtre indigence, & pour *faire l'aveu* de nôtre dureté.

X.

Aprés cela, Monsieur, vous nous recommandez le sage ménagement des graces. Vous dites qu'*on ne peut faire trop d'état des premieres & des plus foibles desirs ; qu'il faut nourir avec soin la premiere eteincelle... qu'on laisse, par son ingratitude, & par son orgueil secher la racine des saints desirs : qu'on espere des graces qui attendrissent le cœur d'une maniere vive & prompte, & qui en fondent pleinement la glace, & qu'on méprise celles qui auroient eu ce succez, si elles avoient trouvé plus de fidelité & de reconnoissance.* [a]

a Page 47. & 48.

Mais, Monsieur, qui peut se donner cette *fidelité* & cette *reconnoissance*, n'assurez-vous pas vous-même que *c'est par l'esprit de priere qu'on rend graces, qu'on est fidele, qu'on est humble.* [b]

b Page 48. & 49.

Il faut donc, si cela est, une nouvelle grace pour faire usage des premieres. Mais n'en faudra-t-il point encore une troisiéme pour faire usage des secondes, une quatriéme pour faire usage des troisiémes; & ainsi, à l'infini de graces en graces? & si l'on ne vient pas enfin à l'action, si l'on ne parvient pas jusqu'à bien prier, ne sera-ce point que quelqu'une de ces graces aura manqué ?

Vous voyez bien, Monsieur, en quel embaras tout cela jette une ame alarmée, sur l'acquit de ses obligations dans la priere.

Vous en revenez encore à la bonne œconomie des moindres graces.

Tout ce qui nous prepare, dites-vous, *à recevoir l'esprit de priere, quelque foible qu'il paroisse, est au dessus de tous les biens qui ne sont pas éternels, & nous ne pouvons aporter assez de vigilance & de soin pour le faire croître.* a

a Page 48.

Tout cela, Monsieur, je veux dire & ce que vous

conſeillez ici du *ſoin* & de la *vigilance*, & ce que vous avez inſinué plus haut de la *fidelité*, de la *reconnoiſſance*, & de la ſage *œconomie* des graces. Tout cela, dis-je, ſeroit d'uſage dans la ſuppoſition des graces laiſſées à la diſpoſition du libre arbitre, & dont il luy fût libre d'uſer, ou de ne pas uſer. Mais tout cela ne ſignifie rien dans la ſuppoſition des graces invincibles de leur nature, & dont on ne ſçauroit mal uſer, telles qu'il paroît que vous les inſinuez. Car les graces de ce caractere, petites ou grandes, ont toûjours tout l'effet pour lequel Dieu les donne, & nul ne les a jamais portées plus loin, quel qu'ait été ſon ſoin & ſa vigilance. La grace de de-

3. Moyen art. LX.

ſir demeure toûjours deſir, & ce deſir n'eſt jamais porté juſqu'à l'effet, & ainſi des autres.

XI.

Enfin, Monſieur, je ne ſuis pas encore ſans difficulté ſur un des plus conſiderables *moyens* que vous nous donniez, *pour perſeverer long-temps avec attention & facilité dans la priere.*

Ce moyen que vous apelez *admirable eſt d'entrer dans tous les ſentimens qui ſont exprimés dans les Pſeaumes, & de ſuivre avec un cœur docile tous les mouvemens que le ſaint Eſprit y a marqués.*

Ce projet paroît beau; mais Monſieur, le croyez-vous poſſible au cœur humain, vous qui le connoiſſez ſi bien ? penſez-vous que ce cœur puiſſe changer de ſentiment comme l'imagination d'idées ? Rien eſt-il plus contraire à la diſpoſition de ce cœur, que ce changement ſubit & frequent de ſentimens & de mouvemens ? Quelle violence ne ſouffre-t-il point lorſque (par exemple) touché de componction, on veut l'obliger à entrer dans des ſentimens de joye & d'allegreſſe? Comment voudriez-vous donc que pendant le chant d'un Pſeaume, qui ſouvent excite des ſentimens tres-differens, le cœur les épouſât tous ſucceſſivement, lors qu'à peine l'eſprit a le loiſir de les diſcerner & de s'en apercevoir, & qu'ils n'ont que le temps de voltiger ſuperficiellement ſur ſa ſurface ?

Car il faut remarquer qu'il y a cette grande difference entre le chant des Pſeaumes & les prieres qui partent immediatement du cœur ; que dans celles-ci, les ſentimens ſont dans le cœur, avant l'expreſſion des paroles : au lieu qu'à l'égard du chant des Pſeaumes, avant qu'il ſe forme aucune impreſſion dans le cœur, il faut que la prononciation des paroles précede ; il faut de plus qu'on s'aperçoive des ſentimens qu'elles expriment, & ſouvent même qu'on y faſſe quelque reflexion : & tout cela, comme vous voyez, ne ſe fait pas en un moment.

D'ailleurs, Monſieur, quand le cœur ſeroit ſuſceptible de tant de divers ſentimens, penſez-vous qu'il pût tirer quelque fruit d'impreſſions ſi paſſageres ? Il n'y a que ce qui ſéjourne dans le cœur, que ce qui y jette quelque racine qui ſoit propre à le changer & à le gagner.

Mais quel obſtacle n'eſt-ce pas à l'affermiſſement de ces ſentimens & de ces mouvemens dans le cœur, que la neceſſité où l'on eſt pendant la pſalmodie, de paſſer ſans ceſſe, non ſeulement, d'un verſet touchant à un autre qui l'eſt moins, ou qui ne l'eſt point ; mais auſſi d'un Pſeaume de pénitence & de larmes, à un Cantique de joye & d'épanouiſſement, ou à un Pſeaume purement hiſtorique ? quel partage dans les penſées, quelles diſtractions dans l'eſprit, & même quel affoibliſſement dans les bons deſirs & les ſaintes affections, ces nouveaux faits ne ſont-ils pas capables de cauſer ?

Vous direz ſans doute, Monſieur, qu'on peut faire d'édifiantes reflexions ſur les faits hiſtoriques, & exciter par là de bons mouvemens. J'en conviens ; mais, Monſieur, ne craignez-vous rien de la continuation d'un tel exercice ; je ne dis pas ſimplement pour la tête, mais même pour le cœur ? plus j'y penſe plus je me perſuade que ſi le cœur vouloit ſe prêter ſucceſſivement à tous les ſentimens & à tous les mouvemens que les Pſeaumes font naître ; rien ne ſeroit plus capable de l'épuiſer, de le deſecher, & de le rendre inſenſible à la pieté. Le cœur ſe fatigue auſſi-bien que la tête quand on luy donne trop d'ouvrage. C'eſt luy qui n'aime pas la methode ; il ne faut que luy montrer ſon objet, & puis le laiſſer faire : autrement on le gêne, on le dégoûte, on le rebute.

Tous ces differens ſentimens des Pſeaumes, toutes ces diverſes affections ſeroient autant de productions qu'on verroit naître dans un moment, & qu'il faudroit étoufer dés leur naiſſance pour faire place à de nouvelles toutes differentes.

Non, Monsieur, le cœur ne s'accomode point de cela. Il en est des passions saintes à peu prés comme des profanes. Il faut leur donner un séjour raisonnable & tranquille dans le secret de ce cœur, & les preserver de tout ce qui pouroit troubler leur commerce avec lui. Ces passions sont filles d'habitudes, & il faut leur donner le temps d'en former avec le cœur.

Le cœur de même demande du temps pour se prêter à sa passion; & lors qu'à l'occasion de quelque verset il se sent touché d'une de ces passions saintes (ne lui étant pas libre d'interrompre la psalmodie) ce qu'il peut faire de mieux, est de fermer les yeux de l'esprit aux versets suivans, lesquels, quoi qu'édifians, pouroient faire diversion, pour s'abandonner plus pleinement à sa passion presente.

XII.

Vous dites, Monsieur, que ces interruptions qu'on n'a pas la liberte de faire pendant la psalmodie, se peuvent faire lors qu'on recite les Pseaumes en particulier, & qu'on est *seul*, & vous trouvez que *pour lors la priere interieure interrompt hûreusement la vocale.* a

a Page 208.

Je trouve, Monsieur, ces interruptions hureuses, aussi bien que vous. Il faut pourtant avoüer que qui voudroit interrompre ainsi la recitation des Pseaumes à chaque endroit où l'on ſe ſent touché ; il y a des perſonnes , qui en tout un jour , ne pouroient reciter le Pſeaume , *Beati immaculati in via.* loin de reciter leur Breviaire. Je connois une perſonne qui en a voulu faire l'experience : à peine pût-elle en une demie heure dire le Pſeaume , *Cùm invocarem , &c.*

De quelque maniere donc que l'on prononce ſon Office , ſoit en pſalmodiant à haute voix,ou le recitant en particulier,on ſe trouve dans une eſpéce de neceſſité inévitable d'étoufer , preſque dés leur naiſſance,mille ſentimens touchans , pour faire place à ceux qui ſuivent ; ou de ſouſtraire par une eſpéce d'abſtraction , ſon attention à la plûpart des

des versets, & souvent à des Pseaumes entiers, pour conserver les sentimens dont on est le plus touché.

Et je vous avoüe, Monsieur, que ce dernier me paroît plus convenable à la nature de l'esprit humain, & d'un plus hureux succés, pour échauffer & atendrir le cœur.

Voilà, Monsieur, une partie de mes difficultés, sur les facilités & les moyens qu'il vous a plû de nous donner pour remplir nos obligations sur l'Office divin. Vous me trouverez aparemment bien ingenieux a me tourmenter moi-même, & bien délicat de ne m'en être pas simplement tenu à ces moyens, & de n'en avoir pas fait usage ſans raiſonner. Vous dites quelque part, *que ces moyens ne ſçauroient être d'aucun uſage, pour ceux que les motifs qu'il a plû à Dieu de vous découvrir, n'ont pas ébranlés.* [a]

a Page 44.

Mais je puis vous aſſurer que je ne ſuis point dans ce cas. Ce n'eſt point ce défaut d'ébranlement qui m'a empêché de les mettre aveuglément en uſage: c'eſt une diſpoſition toute contraire. C'eſt plûtôt, Monſieur, que vous m'avez trop ébranlé & trop effrayé par la terrible peinture que vous m'avez faite des affreuſes obligations qu'emporte avec ſoy l'engagement à l'Office divin, & des ſuites funeſtes qu'il peut avoir, & qu'il eſt même ſi dificile d'éviter. Contre un mal & un danger si pressant rien ne me peut rassurer. Toute vôtre éloquence (pardonnez-le moi, Monsieur) tous ces tours si neufs, ces expressions si nobles, ces pensées si élevées, ces manieres si insinuantes & si charmantes, ne servent qu'à exciter ma défiance, à me faire craindre la surprise, & à me faire trouver des dificultés par tout, & des obstacles invincibles dans tous les expediens.

Aprés cela je ne laisse pas, Monsieur, de vous croire plus capable qu'un autre de les lever ; & quelque plaisir que je me fasse de les grossir par un desir secret de trouver de la seureté dans le sujet de mes incertitudes ; je ſens bien que j'aurai encore plus de joye de vous voir aplanir ces obſtacles & éclaircir mes difficultés, ſi vous pouvez vous en donner la peine. J'aurois l'honneur de vous en prier avec inſtance, ſi vous étiez moins retiré & moins inviſible, & que je puſſe vous dire avec quel reſpect je ſuis, Monſieur, vôtre, &c.

APPROBATION.

J'Ai lû par l'ordre de Monſeigneur le Chancelier ces Reflexions manuſcrites ſur le Traité de la Priere publique : Elles m'ont paru juſtes, raiſonnables, bien fondées, & ne contenir rien qui en doive empêcher l'impreſſion. A Paris ce premier Mars 1708.

C. LEULLIER.

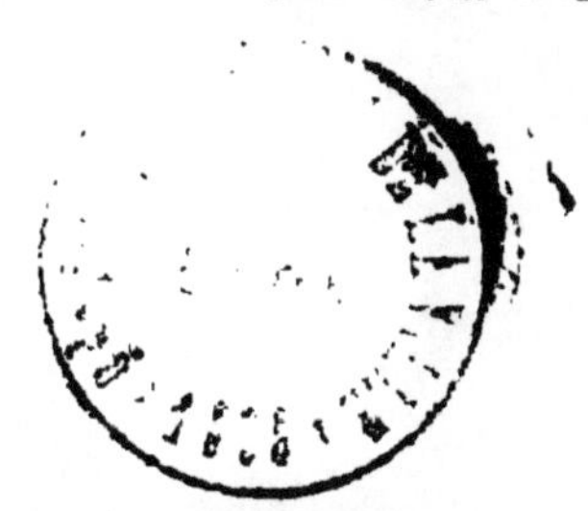

PRIVILEGE DU ROY.

LOUIS PAR LA GRACE DE DIEU ROI DE FRANCE ET DE NAVARRE; A nos amez & feaux Conseillers les Gens tenans nos Cours de Parlement, Maistres des Requestes ordinaires de nôtre Hôtel, Grand Conseil, Prévôt de Paris, Baillifs, Sénéchaux, leurs Lieutenans Civils, & autres nos Justiciers qu'il appartiendra; SALUT. NICOLAS LE CLERC, Libraire à Paris Nous a fait exposer qu'il desireroit faire imprimer un Livre intitulé, *Reflexions sur le Traité de la Priere publique*, s'il nous plaisoit luy accorder nos Lettres de Privilege pour la Ville de Paris seulement. Nous avons permis & permettons par ces Presentes audit Le Clerc de faire imprimer ledit Livre en telle forme, marge, caractere, & autant de fois que bon lui semblera; & de le vendre, faire vendre & débiter par tout notre Royaume pendant le temps *de trois années* consecutives à compter du jour de la datte desdites Presentes. Faisons défenses à toutes personnes de quelque qualité & condition qu'elles soient, d'en introduire d'impression étrangere dans aucun lieu de nôtre obéïssance; & à tous Imprimeurs Libraires & autres dans ladite Ville de Paris seulement, d'imprimer ou faire imprimer ledit livre en tout ni en partie, & d'y en faire venir vendre & débiter d'autre impression que celle qui aura été faite pour ledit Exposant, sous peine de confiscation des Exemplaires contrefaits, de mil livres d'amende contre chacun des contrevenans, dont un tiers à Nous, un tiers à l'Hôtel-Dieu de Paris, l'autre tiers audit Exposant, & de tous dépens, dommages & interests; à la charge que ces Presentes seront enregistrées tout au long sur le Registre de la Communauté des Imprimeurs & Libraires de Paris; & ce dans trois mois de la datte d'icelles; que l'impression dudit livre en sera faite dans nôtre Royaume & non ailleurs, en bon papier & en beaux caracteres, conformement aux Reglemens de la Librairie; & qu'avant que de l'exposer en vente il en sera mis deux Exemplaires dans nôtre Bibliotheque publique, un dans celle de Chasteau du Louvre, & un dans celle de nôtre tres-cher & feal Chevalier Chancelier de France le Sieur Phelypeaux, Comte de Pontchartrain, Commandeur de nos Ordres; le tout à peine de nullité desdites Presentes, du contenu desquelles vous mandons & enjoignons de faire joüir l'Exposant ou ses ayans cause, pleinement & paisiblement, sans souffrir qu'il leur soit fait aucun trouble ou empêchemens; Voulons que la copie desdites Presentes qui sera imprimée au commenment ou à la fin dudit Livre soit tenuë pour dûëment signifiée, qu'aux copies collotionnées par l'un de nos amez & feaux Conseillers Secretaires, foy soit ajoûtée comme à l'Original. Commandons au premier nôtre Huissier ou Sergent de faire pour l'execution d'icelles tous Actes requis & necessaires, sans autre permission; & nonobstant Clameur de Haro, Charte, Normande & Lettres à ce contraires. Car tel est notre plaisir. Donne' à Versailles le troisiéme jour de Mars l'an de grace mil sept cens huit, & de notre Regne le soixante-cinquiéme. Par le Roy en son Conseil, LE COMTE.

Registré sur le Registre numero 2. de la Communauté des Libraires & Imprimeurs de Paris, page 315. numero 598. conformément aux Reglemens, & notamment à l'Arrest du Conseil du 13. Aoust 1703. A Paris ce 6. Mars 1708.

Signé, L. SEVESRE, *Syndic.*

Achevé d'imprimer pour la premiere fois le 15. Mars 1708.

Les Exemplaires ont été fournis.

SENTIMENS CRITIQUES, D'UN CHANOINE SUR DIVERS TRAITE'S DE MORALE;

A L'AUTEUR DE LA PRIERE PUBLIQUE.

M. DCC. VIII.

SENTIMENS CRITIQUES, D'UN CHANOINE SUR DIVERS TRAITÉS DE MORALE.

A L'AUTEUR de la Priere Publique.

IL y a tres-peu de temps, Monsieur, que j'ay reçu vos deux Livres de Pieté. L'Avis du Libraire m'aprend que les copies du premier volume *s'étoient extrémement répanduës dans les Provinces*. La nôtre jusqu'icy n'en avoit pas entendu parler, & j'y suis un de ceux à qui les fruits de vôtre travail ont été le plus exactement envoyez. Par cette lenteur affreuse de nos Commissionnaires les choses perdent pour le Bas-Languedoc une fleur de nouveauté, que l'on a toûjours le plaisir de recueillir à Paris; mais je me dédommage bien aujourd'huy de cette perte; & je vous lis avec une telle avidité, que j'en suis déja à vôtre second Volume intitulé, *Lettres sur divers sujets*, &c.

La Preface doit charmer tous ceux qui prennent interêt à vôtre gloire. Pour vous, le succés ne vous *a pas aveuglé*; vous conservez *la méme opinion que vous avez toûjours dû avoir de vôtre peu de merite.* Ces sentimens humbles que vous concevez de vous-même, M^r. font en moy une impreſſion ſemblable à celle que *l'Indulgence du Public* à faite ſur vous; ils me rendent *moins timide*, & j'oſe vous envoyer les Reflexions d'un Provincial ſur des Ouvrages dont tout Paris vous felicite dans la Preface de vos Lettres.

Au reſte, M^r. comme vous parlez de la Morale Chrêtienne de ſorte que vous employez le bon ſens pour inſtruire, & que vous ne negligez pas la politeſſe du langage pour plaire; je dois conſiderer en vos livres la Religion, le Raiſonnement, & l'Expreſſion. Mes Remarques rouleront toutes ſur ces trois articles; je les feray ſans art, à meſure que vous m'en fournirez l'occaſion.

Je commence par les Préludes de vôtre premier Volume.

J'avouë d'abord que je me ſuis trompé, comme bien d'autres aparament, au titre *de la Priere Publique*. J'ay cru que c'étoit une Instruction propre à tous les fidéles en general pour aſſiſter utilement à l'Office divin; mais vous vous bornez préciſément à nous inſtruire de nos devoirs. Je m'imagine que c'eſt icy une complaiſance d'Auteur pour le Libraire, qui veut toûjours une Annonce impoſante, perſuadé qu'elle contribuë à la multiplicité des éditions. Le vôtre en effet merite bien cette petite déference; il eſt homme d'eſprit, à en juger par ſon *Avis*, où il imite merveilleuſement vôtre ſtyle inimitable. On aſſureroit que vous lui auriez prêté vôtre plume pour quelques momens, ſans que les éloges dont il vous comble, ſont trop contraires à *l'opinion que vous avez toûjours dû avoir de vôtre peu de merite*. Et certes, M^r. on eſt bien loin de la vanité, quand on ſe met aux pieds de ſa Penitente, comme vous le faites dans une de vos Lettres morales à Mademoiſelle ***. Il faut encore être bien modeſte, pour confeſſer publiquement qu'on eſt ſujet à des imprudences & à des fautes. C'eſt ce que vous reconnoiſſez dans la Réponſe à vôtre Ami ſur la Priere Publique. Mais *il s'imputera, s'il lui plaît, les unes & les autres, puiſqu'elles ſeront des ſuites de l'obeïſſance qu'il éxige de vous*. Précautions tres-ſages, Monſieur, Une brieve analyſe de vôtre premier Traité retom-

Lettres p. 191. *Je ſuis Mademoiſelle à vos pieds.*

be déja ſur les comptes de vôtre Ami.

Vous entreprenez *de répondre aux queſtions que l'on vous fait ſur la maniere d'aſſiſter utilement à des Offices d'une exceſſive longueur, & ſujets à beaucoup de redites.* Tel eſt le projet ; voicy l'execution.

Dans la premiere Partie, vous expoſez 1°. toutes les raiſons qui peuvent détourner *les particuliers* de fonder des Prieres Publiques. 2°. Vous diſtribuez les ſpecifiques pour les maladies que contractent infailliblement *les Corps* qui ſe chargent des fondations.

Dans la ſeconde Partie vous expliquez legerement. 1°. *le bonheur infini* d'un homme conſacré à la Priere Publique. 2°. Vous vous étendez fort au long ſur le malheur d'un homme consacré à la Priere Publique. Ces deux Articles sont interrompus par un parallele entre les saints Evêques d'autrefois, & ceux d'aujourd'huy.

Enfin dans la troisiéme Partie vous apporterez quatorze Moyens qui peuvent *rendre facile l'attention* à la Priere Publique ; mais le premier est *le seul & veritable moyen de bien* prier. Ainsi les treize autres ne sont d'aucun usage. On ne peut au reste obtenir de Dieu *ce seul veritable moyen*, sans l'avoir auparavant, pour l'obtenir; encore nous est-il souvent enlevé par une *legereté impunie*. Voyons maintenant par le détail, si je vous mettray en droit de me reprocher, M. que j'aye suivi vôtre metode pour prouver ce que j'avance.

Le debut de vôtre premiere Partie eſt une cenſure que vous fulminez contre la pratique irréguliere de l'Egliſe, dans les fondations des Prieres Publiques. *Les Particuliers* fondent des Prieres, *les Corps* acceptent leurs fondations. Par quels motifs, ſelon vous? *Par une avarice pareille des deux côtés: ceux-cy vendant leurs aumônes, ceux-là mettant à prix leurs Prieres.* L'avarice ainſi égale de part & d'autre, chacun fait valoir ſes offres, & en étale le merite; chacun diſpute avec chaleur avant que de livrer ſa marchandiſe; tant de Prieres, ou point d'Aumônes; tant d'Aumônes, ou point de Prieres. *La Charité par là eſt contrainte de ceder la place à ſon ennemie, qui en emprunte les apparences, & qui inſpire aux Fon-*

dateurs le dessein de ne rien donner gratuitement, & aux Communautés celui de ne rien refuser.

En verité, M. ce negoce, ne fût-il point imaginaire, peut-il avec une prudence Chrêtienne être exposé aux yeux de tout l'Univers? *Avez-vous été fidéle au premier cry de la Charité*, avant que de le mettre au grand jour? Pensez-vous qu'il n'apprête point à rire aux Protestans, si vôtre Livre, comme cela ne manquera pas d'arriver, s'emporte en Hollande? J'y connois un fameux Refugié, avec qui j'ay autrefois voyagé; si je vous le nommois, peut-être que sa personne ne vous seroit pas inconnuë: c'est un homme de merite, à ses sentimens prés contre l'Eglise. Assurément il se mocquera bien de moy dans

Lettres p. 66.

le fond de son ame, quand il verra le seul début de vôtre premiere Partie : car nous avons eu mille querelles ensemble sur le Chapitre de nos fondations, aussi-bien que sur d'autres matieres. Mais voicy des armes terrassantes que vôtre Livre lui fournit contre moy, si je le revois desormais; il a dequoy me reduire au silence que vous aimez tant, & que vous ne gardez pas. En vain lui dirois-je qu'il est juste que le Prêtre vive de l'Autel; que la foy des Fondateurs, & la Charité reconnoissante des Communautés sont les fondemens de nos Prieres Publiques : il me renvoyera brusquement à vôtre Livre, il m'en citera l'endroit par cœur: C'est *l'avarice des deux côtés*, qui vous possede, *vous la couvrez du du manteau de la Religion*; mais le masque est enfin levé ; ce Livre composé par un Catholique, par le conseil d'un saint homme, dévoile vôtre imposture en ôtant *le manteau de la Religion*, qui la couvroit.

Que répondre pour défendre d'aussi saintes Institutions? Qu'elles sont autorisées par l'Eglise, qui n'y souffriroit pas l'indigne alliance d'une avarice riciproque ? Hé vôtre Eglise, me repliquera le Réfugié d'un air insultant, ne le souffre t'elle pas cet indigne alliage ? Lisez, lisez ce Livre Orthodoxe, *capable d'éclairer l'esprit, & de toucher le cœur. C'est l'avarice des deux côtez..... qui inspire, &c.* Cela est net. Vôtre réponse ? Mr. que *l'avarice des deux côtez s'est souvent couverte*, & non pas toûjours, *du manteau de la Religion?* Ce seroit déja donner trop de prise à des esprits fortement prévenus contre les Fondations, contre les Indulgences, &c. Mais foible retranchement, s'écriera mon Adversaire Je vous entens, Monsieur le Chanoine: l'avarice est le motif de vos fondations, c'est l'usage, c'est la coûtume; & quelquefois de bonnes ames peuvent y avoir d'autres vûës. Telle est la pensée de vôtre Auteur sur la Priere Publique. *On separe ce que les hommes ont mêlé de moins pur & de moins sincére dans des Institutions dont une grande pieté peut tirer avantage.* Or cette grande pieté ne se rencontre pas dans le grand nombre; & quand elle y seroit, on ne leur accorde que le pouvoir de tirer avantage de vos fondations, comme vous accordez aux plus scelerats mêmes le pouvoir d'être gens de bien, sans qu'ils le soient effectivement.

Cette dispute reglée m'embarasseroit extrêmement, M. mais la honte de ma defaite me toucheroit peu, si l'Eglise ne devenoit jamais par vôtre Livre le sacrilege objet de la raillerie protestante. Que je crains helas! qu'au moment que je vous écris elle ne soit mise en spectacle à Amsterdam. Qui sçait, M. si l'on n'y jouë point la Priere Publique?

Vous voyez bien que vôtre premiere Partie ne commence pas par un trait de prudence. Cette faute involontaire qui vous a sans doute échapé, sera *imputée* à vôtre Ami, *s'il lui plaît*. Pourquoy vous laisse t'il avancer qu'une avarice mutuelle est la base de nos fondations ? Entre nous, M[r]. les Indulgences ne furent pas attribuées à un motif plus scandaleux par celui qui osa les décrier & les abolir en Allemagne. Vous ne vous déclarez pas encore, j'en conviens, pour la suppression des Prieres Publiques ; mais un vif desir vous presse *de les réformer, si elles étoient moins autorisées.* Lettres p. 60. *C'est une tentation dangereuse de penser à certaines pratiques qui déplaisent, & qu'on voudroit ôter.* N'y avez-vous pas succombé, M. En ce cas une autre maxime de vôtre façon vous disculperoit; vous en seriez quitte pour nous dire, qu'il y a eu en vous *plus d'impuissance que de liberté.*

Lettres p. 70. *Si la longueur excessive des*

Offices étoit moins autorisée, le remede le plus sûr & le plus naturel seroit de la réformer. Que signifie cela? Vous le prenez sur un ton un peu haut, ce me semble, pour un pauvre Reclus, un bon Ermite qui ne demande qu'à *se taire*. Aspirer à la réforme, non pas de la simple tolerance; mais de l'autorité de l'Eglise! Confirmer vôtre dessein de réforme, parce qu'elle *seroit meilleure ou plus sage!* Le Souverain Pontife parle moins en maître, lorsqu'il nous envoye ses Brefs & ses Ordonnances. *Des Offices ... sujets à beaucoup de reduits!* Ces termes que vous inspire le même esprit de réforme, ne sont pas respectueux, M^r. Certainement les Solitaires que vous loüez avec tant de raison, auroient *ajoûté* pour de moindres crimes, *à l'ardeur du jour, & au froid de la nuit, une situation penible du corps*.

Vôtre Préambule fini sur les fondemens generaux de la Priere Publique, vous tirez le rideau, *le manteau de la Religion*, qui cachoit les personnages que vous distribuez en trdis caracteres. Metode abregée pour montrer au premier coud d'œil ce ridicule, que tout ennemi de l'Eglise Romaine s'efforee vainement de découvrir dans les Fondations, dans les Indulgences, & dans tous les Saints Exercices de de nôtre Religion: *les plus fervents* au reste ne seront pas spectateurs oisifs, ils auront par vos pieux soins leur rôle comme tous les autres.

Les forts, les foibles & les in-

justes composent donc *les Corps qui se chargent de la longueur accablante des Offices établis sur l'avarice des deux côtés. Les forts gemissement sous un tel poids, les foibles y succombent, & les injustes en murmurent* Dans les premiers *la pieté est étouffée ;* les seconds tombent dans *l'abbattement ;* & les troisiémes dans *le crime*, dans *la profanation*, dans *l'endurcissement*. Voila ce qui s'appelle, nommer les masques. Telle est la peinture des hommes consacrés à la Priere Publique, prise d'aprés vous, M. dont je m'estime trop heureux de n'être icy que la copie. Qu'en pensez-vous, si vous êtes à l'heure qu'il est de sang froid ? Je ne crains pas de vous citer à vôtre tribunal, aprés les soupirs, les gemissemens, les larmes, les humiliations

Lettres p. 258. *Ie me confesse à vous, Mademoiselle; & plûs à Dieu que vous eussiez le pouvoir des Ministres.*

dont vos Lettres sont remplies, lorsque veus vous confessez à Mademoiselle ***. Ces dispositions me font esperer l'aveu de vos fautes; & afin d'aider encore vôtre sincerité, supposés pour quelques momens que vous n'êtes pas M. l'Abbé D que vous êtes à L'ORATOIRE, où gemissant en la presence du Seigneur, on vient vous en retirer pour vous donner le Livre de la Priere Publique, au nom de l'Auteur qui vous honore. Plein alors de cet amour de l'Eglise que vous nous recommandez sur tout, & que vous venez de puiser vous-même aux pieds de JESUS-CHRIST, vous ouvrirez le Livre nouveau qui picque vôtre sainte curiosité. Dés la seconde page vous voyez dépeints avec les couleurs qu'employe M . l'Abbé de D. les Miniſtres de cette Egliſe même que vous aimez ſi tendrement. Quelles réflexions à ces caracteres qui partagent ſans privilege tous les hommes reſpectables auſquels la Priere Publique eſt confirmée ? La charité les défauts même réels, la verité qui n'exagere jamais, la prudence Chrêtienne qui apprehende l'ombre ſeule du ſcandale , toutes ces vertus pour lors ſe taiſent-elle en vous ? Ne s'en trouve-t'il pas une qui ſe ſente bleſſée ? Car enfin, M . avec moins de ſainteté que vous n'en avez, j'ignore ce que c'eſt que de deshonorer les membres de JESUS-CHRIST, les plus ſacrés, que d'outrer à l'excés leurs défauts, que de ſcandaliſer étrangement nos freres, si vôtre premiere Partie ne cause pas tous ces maux. Vous êtes fertile en Oracles sur *la Charité*, sur la science *de discerner les pechés*, sur les regles du vray *zele*; & vous agissez *comme si l'amour propre se réjoüissoit* en vous *des pentes de la charité*, comme si vous ne sçaviez pas *discerner ce qui n'est que de l'herbe montée*, comme s'il étoit permis de *donner à son imprudence le nom de zele*. Mais le Directeur en ces rencontres doit subir la loy du Penitent; & si vous l'avez violée, qui peut vous excuser? La droiture de vos intentions? *Plus d'impuissance que de liberté?* Je comprens cela, M. mais les tristes effets de vôtre simplicité ou de vôtre liberté forcée n'en subsistent pas moins.

Nous ſommes aux yeux des peuples comme aux vôtres, des profanateurs de la Priere; *les plus fervents* d'entre nous *ſont expoſes à reſiſter aux ſaints mouvemens de leur conſcience, &c.* Hé comment meriter deſormais l'eſtime & la confiance des fidéles, moyens ſi neceſſaires pour travailler avec ſuccés à leur ſalut? Il nous fieroit bien de leur remontrer leurs devoirs ſoit dans les chaires Chrêtiennes, ſoit au tribunal de la Penitence! nous ſommes des infracteurs publics de nos propres obligations, des prévaricateurs reconnus. *On ne peut douter que la lecture de vôtre Livre ne ſoit tres-utile.* Comment les Chrêtiens chercheroient-ils encore dans nos Prieres une reſſource à leurs beſoins, ou un ſoulage-

Aprobation de Mr. Anquetil.

ment aux peines qu'endurent leurs proches dans le lieu d'expiations ? Quels regrets n'excitez-vous point, M. dans le cœur de tant d'illuſtres familles, dont les Religieux Ancêtres ont été nos Fondateurs ? Qu'elles imprécations peut-être contre des Communautés, dont les Prieres payées à leurs frais, ſont *renduës inutiles ?* Quelle juſtification plus ſpecieuſe de la ſacrilege violence des Proteſtans qui ont uſurpé les biens Eccleſiaſtiques ? Que de pretextes vous ſuggerez dans le ſein même du Chriſtianiſme, à des heritiers ingrats pour ſe diſpenſer de remplir des fondations qu'un pere mourant aura remiſes à leurs ſoins & à leur conſcience ? Semences de chicane, de Procés d'apels comme

comme d'abus, dont nous ſommes criminels ! Ce n'eſt pas aſſés, M^r. la Priere Publique n'eſt plus à l'égard de tous les fidéles qu'une ſource de ſcrupules les mieux fondés: ils deviendroient par leur aumône ſi ſouvent canonizée dans les ſaintes Lettres, l'occaſion coupable *de nos plaintes, de nos murmures, de nos abus, de la majeſté & de la décence ôtées au Service public. Ils nous feroient ſacrifier l'eſprit à la lettre, negliger le fond pour conſerver l'exterieur. Ils ôteroient au Peuple l'Exemple & l'édification, aux Miniſtres du Seigneur la conſolation & le goût: Ils rendroient l'obſervance de la loy de Dieu tres-difficile*, &c. puiſque l'Aumône attachée à la Priere Publique ne produit que ces fruits de mort, ils ſeroient insensés de n'en pas couper la racine.

Avez-vous fait ces réflexions, M. ou si vous *les avez mises dans un certain quartier de l'esprit où l'on ne va jamais?* Lettres p. 238. Vous réparerez, dites-vous, des maux capables d'attrister l'Eprit saint, dignes des larmes améres de l'Eglise, en vous appliquant à nous réformer dans la seconde & la troisiéme Partie. Mais outre que l'analyse de ce premier Traité ne permet pas l'execution d'un pareil dessein, vous consentez donc déja qu'on vous compare au Medecin qui feroit sans necessité des blessures mortelles à son malade. Les témoins d'une cruauté aussi inoüie en fremissent d'horreur; il s'étonne, lui de leur pitié. Pourquoy? Par la raiſon même que vous apportez de vôtre procedé ; parce qu'il eſt reſolu de travailler enſuite à la gueriſon d'un mal, dont il a eu le plaiſir inhumain d'être l'Auteur.

Quelque habile que vous ſoyez dans la direction, Mr, & quelque ſoumis que nous fuſſions à vos ordonnances, les playes que vous nous faites ſont trop profondes, elles ſaigneront trop long-temps pour que nous eſperions d'en être guéris, à moins que d'autres que vous n'y mettent la main. Sans metaphore, M[r], la reforme de tant de Communautés ſeculieres & regulieres, auſquelles vous impoſez des fautes auſſi générales qu'elles ſont énormes, n'eſt pas dans l'opinion des hommes l'ouvrage d'un jour : les préjugés tantôt risibles, tantôt odieux que vous inspirez contre tous les Chanoines, ne se détruisent pas en un moment, comme ils se conçoivent; & qui que ce soit ne peut réüssir à les supprimer, sans en suprimer auparavant la cause. Faites-y quelque attention Mr, la chose en vaut la peine. Mais pour ne vous pas tromper sur le tort infini que ressentiroit l'Eglise, si vôtre Livre venoit à être lû indifferemment de tout le monde, n'oubliez pas, je vous prie, ce point essentiel, sçavoir, *que les plus fervents* dans les Paroisses, dans les Monastéres, *resistent* bientôt *aux saints mouvemens de leur conscience, n'écoutent plus le S. Esprit dans leur cœur, pour ne pas manquer à prononcer toutes ſes paroles. Ils courent avec la multitude, ſans avoir de deſſein ny de but: ils ſe laſſent, & n'arrivent jamais; & par l'habitude qu'ils ſe ſont faite de courir, parce qu'ils étoient preſſés; ils ſe hâtent encore, lors méme qu'ils ont plus de temps & plus de loiſir.*

Je vois, M[r], que vôtre Amy, cet Amy qui vous force *à parler*, aura été ſur tout frappé de cette deſcription divertiſſante; ſa propre joïe luy aura ſans doute annoncé celle de tous les rieurs : car la Pſalmodie n'a jamais été figurée ſous les objets auſſi ridicules. *Courir avec la multitude, ſans avoir de deſſein ny de but; ſe laſſer ſans arriver jamais; & par l'habitude qu'on s'eſt faite de courir,* &c. A ces traits, M[r], je ne reconnois point *ce tremblement avec lequel vous avez pris la plume*, à moins que vous ne tremblassiez de peur qu'on ne nous traduisist pas selon nos merites.

Ce petit jeu d'imagination passé, les rides vous reviennent au front pour nous reprocher nôtre *affoiblissement*. Il est si déplorable, que *nous aurions besoin d'autres prieres pour rapeller nôtre cœur de la dissipation où l'ont jetté les publiques*. Or voicy comment vous vous exprimez sur la nature de cette dissipation, dans une priere fort touchante que vous faites. *O mon Dieu .... ny mes sens ne me laissent en repos, lorsque je les veux exclure d'une priere où ils ne comprennent rien ; ny mon imagination ne respecte mon comman-*

dement, quand je luy défends d'attacher ses tableaux irréguliers & indécens devant mon esprit.. ny mon propre esprit qui paroit vouloir prier, ne sçait être d'accord avec lui-même; ny ma volonté qui commande à tout, ne sçauroit rëunir ses forces. Les causes maintenant de cette dissipation? *C'est que quand nous voulons rëunir nôtre esprit & nôtre cœur, nous y enfermons, en faisans effort pour le recueillir, tout ce qui s'y est placé par nôtre négligence; & la géne où sont tant de pensées étrangeres, ou même ennemies de la Priere, les échauffe, & les excite comme un essain d'abeilles enfermé, & leur bourdonnement s'accroît à mesure qu'on s'efforce de les réprimer & de les réduire au silence.*

Ces expositions sont naturelles! *mon imagination ne respecte pas mon commandement, quand je lui défends d'attacher ces tableaux irréguliers & indécens devant mon esprit.* Cette imagination-là est bien malhonnête en effet, & bien hardie, de perdre le respect à vôtre esprit. . . . *La gêne où sont tant de pensées. . . les échauffe, & les excite comme un essain d'abeilles enfermé, & leur bourdonnement s'accroît, &c.* Rien de plus clair, M. l'imagination n'attache point icy devant l'esprit un tableau irrégulier de nôtre dissipation: Aussi sommes-nous, à ce que vous dites, *en danger de mourir de faim, si nous ne réparons en secret le vuide que nous a causé un long repas, où nous n'avons pas eu le loisir de nous nourrir.* Si le repas étoit long, on avoit du moins le loiſir de s'y nourrir ; la longueur par rapport au tems, & le loiſir, étant comme je croy, la même choſe. Je trouve encore, qu'un long repas eſt une cauſe trop efficiente pour ne produire préciſément qu'un vuide à réparer en ſecret. Mais oublions ces bagatelles, qui m'arrêteroient plus ſouvent que vous ne le penſez peut-être, ſi je m'amuſois à les relever.

Le ſens couvert ſous vôtre allegorie, M. nous apprend ce que l'Egliſe, les Peres, les Theologiens, les Caſuiſtes avoient ignoré juſqu'icy : qu'il n'eſt point d'homme conſacré à la Priere Publique, qui ne ſoit obligé de recommencer en ſecret ſon Breviaire, quand il ne l'aura dit qu'au Chœur. Le cas le merite bien d'assembler exprés la Sorbonne, sans attendre au *prima mensis*. Mais vous le lui prouverez d'une maniere à fermer la bouche à tous les Docteurs.

Reciter au Chœur l'Office divin, est un vuide, & un vuide à reparer en secret : donc par cette recitation publique le devoir du Breviaire n'est pas rempli. Vôtre Antecedant sera nié apparemment : toute vôtre prémiere Partie le démontrera.

L'Office divin recité au Chœur est une Priere *renduë inutile* par la conduite même *des plus fervents*, *qui courent sans avoir de dessein ny de but, par la dissipation de leur esprit*, *&c*. Donc reciter au Chœur l'Office divin, est un vuide à reparer en secret : donc par cette recitation publique le devoir du Breviaire n'eſt point rempli. La Sorbonne reçoit-elle vos principes établis ſur *nos abus* à l'égard de la Priere Publique? Elle doit demeurer muette & interdite à la conſequence. Mais ſi elle ſe taiſoit; malheur à nous, M[r]. vous avez gain de cauſe; ſon ſilence deviendroit une Approbation de tout ce que vous décidez & contre ceux qui fondent des Prieres Publiques, & contre ceux qui les acceptent.

En attendant la déciſion d'un Corps auſſi éclairé, l'autorité ſeule d'un grand Directeur comme vous l'êtes, me plonge en de terribles perplexités. *Car les plus fervents viennent par ces degrés*, c'eſt à dire par les fautes qui leur ſont neceſſairement communes avec la multitude, *ils viennent à craindre un Exercice, dont ils ne sentent que la gêne ; ils n'entrent qu'en tremblant dans un lieu dont ils sont toûjours sortis trop tard par rapport à leur vertu*, qu'ils ont bien-tôt perduë par leur assiduité à la Priere Publique. *Ils se dissimulent cependant cette disposition ; mais le cœur est affligé au dedans..... & ses gemissemens sont consentis. Dieu qui en est le témoin, trouve un tel cœur muet à son égard ; il n'y découvre qu'un murmure continuel contre ce que la bouche prononce ; il le repousse & son offrande.*

C'est ainsi que la Priere Publique châge les plus fervents Prêtres en autant de Caïns, dont le Seigneur abhorre le sacrifice ; & qu'il n'est plus parmi eux d'Abel, dont l'offrande

frande ſoit agréée, parce qu'ils *courent tous ſans avoir de deſſéin ny de but, &c.* & que *par ces degrés..... ils tombent ſi bas.* Quelle chute! je n'euſſe jamais cru ſans l'impreſſion de vôtre Livre, que la Priere Publique fût un écueil inévitable à la vertu la plus fervente, un état de réprobation, où *Dieu nous repouſſe & nos offrandes.* Pour moy qui m'y vois depuis trente ans engagé, quelle reſſource me reſte-t'il, ſinon d'adreſſer des vœux au Ciel, ſemblables à ceux que vous faites à la vûë de vos fautes, M. *Que je devienne bon Juif pour le moins, ſi je ne ſuis pas encore en état d'être un bon Chrêtien!* Que je devienne, moy, un bon Rabin de la Synagogue, ſi je ne ſuis pas en état d'être un bon Prêtre de

Lettres p. 214.

l'Eglise. Me le conseillerez-vous, M. d'attendre *le Messie*, comme vous le dites à Made-
Lettres p.214. moiselle ***, *pour ne songer qu'à une nouvelle Incarnation?* Certes quelque touché que je sois de ces sentimens de vôtre cœur, dont *vous découvrez* à
Lettres p.213. Mademoiselle ***, *la lepre qui le dévore*, ils ne sçauroient avoir place dans le mien. Vôtre Penitente peut désirer à vôtre exemple, de devenir une bonne Juifve ; mais je n'ay pas le courage d'en faire autant. *Que je devienne un bon Juif pour le moins?* J'apprehende que ce ne fût pour le pis allé à mon égard. Peut-être que mon ignorance vous fait pitié, M. que vous plaignez un pecheur aveugle, à qui les veritables voyes de salut sont étrangeres. Mais je suis prêt

d'ouvrir les yeux à la lumiere, *de ne lui pas tourner le dos au lieu du visage ; de ne me pas faire ombre à moy-même*, d'abord que vous me la montrez. Comme *cette vie est le Noviciat de l'autre*, j'ay envie que vôtre direction soit le Noviciat de ma réforme. Vous me développerez toutes *les pensées de mon cœur, quoy qu'elles ne soient pas distinctes*. Vous m'en expliquerez tous *les gemissemens consentis, quoyque je ne leur permette pas d'éclater*. Mais je vous déclare par avance, que je ne défends ny ne permets à mes gemissemens consentis, d'éclater. Car je ne sçais pas encore ce que c'est que des *gemissemens consentis*. * Au reste, M. avant que de me mettre sous vôtre conduite, je souhaitterois que

* Terme de Pratique & de Palais.

vous me traitassiez plus humainement que tous mes Confreres effrayés de vôtre Morale. Une de vos Lettres à Mademoiselle ***, est le modelle de cette humanité que je demande.

Lettres p.213.

Je suis tres-éloigné, Mademoiselle, de juger ainsi de vous. Si j'osois vous dire à quel point je vous respecte, vous me verriez pénetré de sentimens bien contraires: mais je trouve tout cela dans la corruption de mon cœur; & j'aime mieux vous découvrir la lepre dont il est dévoré, que de laisser la moindre tache sur vôtre visage. Que cela est humain, M ! pardonnez si j'interromps vôtre discours qui m'enchante. *Je vous supplie tres-humblement de me rendre pour ce petit office, quelque assistance auprés de Dieu.*

C'eſt pour cet office qui ne cauſe pas un vuide à réparer en ſecret, comme l'Office divin, quand il ne ſe recite qu'à l'Egliſe; mais *qui ne laiſſe pas la moindre tache ſur le viſage.* Je conçois, M^r. excuſez, s'il vous plaît, ma lenteur; j'ay eu beſoin de réflechir plus d'une fois, pour ne pas confondre icy le profane avec le ſacré. *Je ſuis plein des miſericordes de Dieu, & je m'en ſens comme environné: mais le cœur n'eſt point encore gagné. Je ſens ma chaîne: mais je ne veux pas aſſez la rompre pour la rompre en effet.* C'eſt là, M^r. répandre l'huile, & non le fiel, ſur les playes de nos freres. Vous me donnez une envie incroyable de me declarer vôtre Penitent, par cette confeſſion que vous faites si humblement à Mademoiselle ***. *Je sens ma chaîne : mais je ne veux pas assez la rompre pour la rompre en effet*. Cet aveu de vôtre foiblesse encourage dans moy le vieil homme, *à découvrir la lépre qui le dévore*. Mais avec une complaisance aussi charitable, Mr. vous eussiez gagné le cœur de tous mes Confreres ; tous seroient venus vous relever aux pieds de Mademoiselle ***, pour se prosterner aux vôtres ; tous auroient imploré vos lumieres sur mille choses qui les embarrassent dans la direction. C'eût été pour vous une bien autre occupation, que celle de *ne pas laisser* à Mademoiselle ***, *la moindre tâche sur le visage*. Hé qui se fût défendu de ces insinuantes paroles dans la bouche d'un directeur ? *Si j'osois vous dire à quel point je vous respecte! vous me verriez penetré de sentimens bien contraires; mais je trouve tout cela dans la corruption de mon cœur*. Non, M. on ne resiste pas à ces derniers mots. Appliqués tout seuls aux abus que vous imputez à la Priere Publique, il n'y a pas un Chanoine qui n'en fût charmé: *Je trouve tout cela dans la corruption de mon cœur*. Vous pensez bien que nous n'eussions rien cru de la corruption de vôtre cœur, non plus que vous n'en pouvez rien croire sans cette humilité rare qui vous abaisse aux pieds de Mademoiselle ***. Mais je ne songe pas que je donne des avis comme un Directeur, au lieu que j'en devrois recevoir.

Il eſt vray. M^{r}. mais ma réforme entre vos mains n'eſt pas une affaire que je veüille terminer ſi promptement. Vous me blâmeriez vous-même *de courir* à vous *avec la multitude, ſans avoir de deſſein ny de but... de me hâter lors méme que j'ay plus de temps & de loiſir.* En effet, toutes choſes mûrement examinées, je prévois qu'un Directeur qui ſçait le ſecret d'ôter *la moindre tâche ſur le viſage*, aura trop de pratique pour ſe charger d'un vieux pecheur comme moy. Trente ans, M^{r}. trente ans dans le crime, puis qu'il y a trente ans que je me ſuis conſacré à la Priere Publique; je me perſuade enſuite que vous commenceriez ma converſion par le retranchement entier de cette Priere, parce qu'*en vain on la*

II. Partie p. 32.

rendroit plus courte, elle n'en deviendroit pas pour cela plus ſainte. Vôtre ſentiment contre la Priere Publique ceſſe par là d'être incertain. *On la rendroit en vain plus courte, elle n'en deviendroit pas pour cela plus ſainte* que vous la repreſentez! La declaration eſt aſſez préciſe, Mr. auſſi diſpoſéz-vous les eſprits à entrer dans vôtre penſée par une étude particulier de nous mettre nos fonctions, autant qu'il eſt en vous, hors de nôtre portée. Il n'y auroit déja qu'à ſuivre les ordonnances que vous préſcrivez à nos malades, ſelon vous, pour voir dans peu de temps, les Cathedrales & les Paroiſſes deſertes. Les Communautés régulieres abandonneroient enſuite le Chœur à leur tour: car vous attachez à l'Office divin une contention d'esprit, dont nulle complexion n'est à l'épreuve. La priere, d'abord qu'elle est publique, ou bien elle ne nous acquitte pas envers Dieu par les abus qui s'y commettent, ou bien elle nous renverse la tête par l'application qui nous acquitte envers Dieu de nôtre devoir.

Il faut se retirer.. si la santé avertit.. si l'on n'est plus capable d'une attention... d'application trop suivie & trop soûtenuë... si la téte avertit par une douleur serieuse, (car vous en connoissez qui ne le soit pas) *par un épuisement qui ne laisse pas la liberté de penser qu'il y auroit du danger, &c.* Le moyen de me retirer, si l'épuisement m'ôte la liberté de penser à mon danger? *On peut dans des jours fort solemnels être plus hardi, parce que ce sont des occasioas tres-rares.* La Priere Publique sur ce pied-là seroit bien-tôt aussi peu fréquente que la Communion dans vôtre systême, où vous ne permettez à un Ecclesiastique dont vous connoissez *la vertu & la sainte frayeur pour ses fonctions*, que de celebrer trois fois par semaine les saints Mysteres. *Il ne faut pas substituer un faux courage à une sage retenuë ... il faut en tout de la verité ... il faut se mesurer sur ses forces.*

Tout cet endroit est touché gratieusement, M. Vous sçavez, quand il vous plaît, dorer la pillule par merveille : aussi vos conseils tombent-ils sur des infirmes, sur des foibles sur des gens épuisés ; & il est

question de les retirer d'un ſaint Exercice où ils ont contracté toutes leurs incommodités. Cependant n'eſt-ce point-là ce que vous appellez
Lettres p. 212. dans vos Lettres, *du clinquans à repezer, du clinquant qu'on a pris pour de l'or?* Si la tête avertit.... une douleur ſerieuſe.... il faut ſe meſurer ſur ſes forces ... on peut être plus hardi dans des jours fort ſolemnels. *Les*
Lettres p. 205. *gemiſſemens conſentis, les entre-*
p. 221. *tiens avec* JESUS-CHRIST, *par truchement, les complimens de l'Ecriture*, devoient avoir icy leur place. De bonne foy, M^r. pour uſer de vos expreſſions;
p. 177. *tout cela eſt à jeun en moy; la*
p. 206. *familiarité avec mes tenebres* me dérobe ces beautés; *j'y prête un cœur de glace*, ou du
p. 219 moins *je porte un principe intime d'heſitation* ſur toutes ces choſes

choſes nouvelles. C'eſt par ce principe que, *ſi l'imagination m'attachoit de pareils tableaux devant l'eſprit*, je ſerois homme *à me dépoſer moy-même* p. 42. *d'un certain degré d'eſtime* où les nouveautez *contribuent à nous mettre*.

Revenons, M^r. Les grandes précautions que vous jugez néceſſaires à nôtre ſanté, ne feroient-elles pas bien des malades imaginaires, ſi l'on s'y aſſujettiſſoit? Pour ſe diſpenſer du Chœur dans une Communauté, l'un n'auroit qu'à dire, *la tête m'avertis*; l'autre, *j'ay une douleur ſérieuſe*; celuy-cy, *je me ſens un épuiſement*; celuy-là, *je me meſure ſur mes forces*; chacun en particulier, *je ne ſuis pas ſi hardi, à moins que le jour ſuivant n'en ſoit le remede*. Et l'Office, qui le reciteroit? personne. C'est ce que vous demandez, puisqu'*en vain on le rendroit plus court, il n'en deviendroit pas pour cela plus saint*.

Hé quoy, Mr. assister constament & avec fruit à la Priere Publique, *est-ce un effort au delà des forces? une contention, un épuisement, qui ne nous laisse plus la liberté de penser qu'il y auroit du danger, &c.* à continuer ce saint exercice? Vous m'allez répondre par un de vos aphorismes.

Lettres p. 24. *C'est étre desesperément malade, que d'esperer pouvoir guérir par ses propres soins.* Non, Mr. je n'aurois pas honte *d'avouër ma foiblesse*, aprés ce que

p. 271. vous dites de S. Augustin, que *la tête lui tournoit*. Mais pourquoy vouloir nous prouver malgré nous, que nous sommes malades ? Ce seroit là un vray sujet de Comedie, si vous ne cachiez pas sous le voile de nos infirmitez inévitables, un autre dessein qui n'est que trop serieux Je vous le répete donc, Mr *la santé ne nous avertit point de nous retirer* ; & nous comprenons au même tems, qu'il n'est pas plus nécessaire d'avoir un corps de fer ou d'acier pour la Priere en Public, que pour la Priere en secret : tout le contraire semble concourir à nous faciliter la premiere JESUS-CHRIST present sur nos Autels, l'exemple de nos freres, le chant, les ceremonies, secours qui manquent à la Priere particuliere. Ce n'est pas vôtre sentiment, M. je ne le sçais que trop : *le chant, les spectateurs, l'attention* III. Partie p. 227.

aux ceremonies, la necessité de passer d'un Pseaume à l'autre partagent.... les pensées. .. dans la Priere Publique .... affoiblissent.... les desirs. Ainsi, LA PRATIQUE UNIVERSELLE DE L'EGLISE ATTAQUÉE PAR TOUS LES ENDROITS, devoit être le titre de vôtre Traité sur la Priere Publique. Cette Priere *affoiblit les desirs* & par elle-même, & ses circonstances. Cette Priere est fondée *sur l'avarice des deux côtez.* Vous en êtes si convaincu, que vous vous efforcez d'en convaincre aussi toute la terre. Vous le repetez en finissant cette premiere Partie, de crainte que l'Article qui vous tient le plus au cœur, ne soit oublié. *On separe ce que les hommes ont mêlé de moins pur & de moins sincere dans des Institu-*

tions, dont une grande pieté peut tirer avantage. La Priere Publique n'est donc plus à vôtre sens, Mr. qu'un desordre, dont les Elûs de Dieu peuvent tirer avantage, parce que tout se tourne en bien à leur égard. Passons à vôtre seconde Partie.

La tête m'a plusieurs fois *averti* que cette Partie n'étoit nullement digerée. Vous ne songez pas, M. que les viandes doivent être plus preparées pour des infirmes, comme vous nous regardez ; que vous ne nous *causez qu'une vaine enflure, & que vous avancez par un avortement précipité ce qui devroit être conduit par methode.* Vous vous proposez de nous soulager, & il faut *une contention suivie* pour démêler un seul de vos motifs de consolation. Vous Lettre pag. 6.

les embarrassez par des gemissemens sur nôtre état, qui interrompent à chaque moment vôtre discours, par des larmes qui moüillent chaque page de vôtre Livre, par des invectives même les mieux poussées ; d'où il s'ensuivra
p. 216. que *nous paroissons devant le trône de Dieu comme il est écrit au livre de Job, que Satan osa se presenter avec les enfans de Dieu*. Nos Chanoines autant de démons ! C'est dequoy *mettre en fuite* de nos Eglises tous les Chrêtiens, à moins que vous ne les rassuriez par ces paroles énergiques : *La crainte ne doit pas porter à se cacher de peur de trembler*. Hé, M. suspendez un peu l'activité de vôtre zele, & ne laissez pas prendre au talent de la correction qui vous est si

naturel, des formes toûjours nouvelles pour nous décrier. Il ſemble que nous ſoyons *la Chouette* que vous perſecutez, que vous vous acharnez à faire ſortir du LUTRIN. L'Auteur de ce Poëme édifiant n'en dit pas plus en vers, que vous en Proſe, contre les gens d'Egliſe. Mais comme *on s'accoûtume à l'habitude*, ſuivant un de vos axiômes, accoûtumons-nous, autant que nous le pourrons, à l'habitude de vos gemiſſemens, de vos larmes, de vos invectives; & continuons l'examen, quoy que leger, de ce premier Traité.

Le début de la ſeconde Partie eſt un démenti donné au début de la premiere. L'une commence par l'éloge de nôtre bonheur infini. *Un Eccle-*

siastique attaché à une Eglise.... connoît la volonté de Dieu si nette & si précise, qu'il n'en peut douter.... Dans sa vie tout est marqué & pour les exercices, & pour le temps. L'obeïssance a tout sanctifié en se le reservant. La premiere Partie commence par désaprouver l'acceptation trop facile des Prieres fondées. Or n'est-ce pas par cette acceptation même, que *tout est marqué dans la vie d'un Chanoine & pour les exercices, & pour le temps?....* que *son bonheur est infini?* Vous êtes *transporté* bien-tôt *comme une poussiere legere* loin de vous, Mr. Autre contradiction avec vous-même, qui suit immédiatement. *Si l'obeïssance n'avoit pas reglé les devoirs d'un Chanoine, & qu'il dépendît de son choix de paroître à certains tems devant le Seigneur ; pourroit-il, s'il avoit de la lumiere, donner des bornes à la faveur de son Maître, & ne pas regarder comme un bonheur infini la permission...* | *de lui parler toûjours?* Fort bien, Mr. mais la premiere Partie, que dit-elle? *Si la longueur excessive des Offices étoit moins autorisée, le remede le plus sûr & le plus naturel seroit de la réformer, & de mettre une juste proportion entre les Prieres Publiques, & l'attention dont un homme de bien est capable.* Icy l'homme de bien n'est pas capable d'une attention proportionnée à la longueur des Offices, *qu'il seroit plus sage & meilleur de réformer* par cette raison seule. Là, *si l'obeïssance n'avoit pas reglé ses devoirs....* il ne pourroit pas *donner des bornes* à sa

Priere, sans ignorer *ses interêts*. Je me retracte, M. vous vous accordez peut-être avec vous-même; car dans le dernier cas la Priere seroit particuliere, & il n'y a que la Publique qui n'est pas de vôtre goût.

Un reproche de nôtre lâcheté succede à l'éloge de nôtre bonheur infini Vous le mettez dans la bouche de JESUS-CHRIST, afin qu'il ait sur nous toute sa force: mais c'est de la vôtre même que je le reçois, M. JESUS-CHRIST n'use pas de ces antitheses: *ils sont riches avant que d'avoir rien reçu; ils ne s'occupent en entrant icy que de l'esperance d'en sortir: je suis devenu leur ennemy, parce que je les ay choisi pour les successeurs de ma charité.* Encore moins de ces termes : *Je leur ferois plaisir si je les dispensois, &c.*

Si ce n'est pas là *porter jusqu'au trône de Dieu les civilités des enfans du siecle*, c'est du moins y porter le precieux des enfans du siecle. Ces expressions paroissent néanmoins tolérables auprés de celles que vous donnez au Sauveur naissant : *Je suis par terre comme vous : je suis devenu corporel, parce que vos idoles l'étoient : je suis devenu aimable à vôtre amour propre.* Seroit-ce *l'aimer chastement* ? Qui pourra *le rembourser* du tort que vous luy faites, M ? *je suis par terre comme vous !* Et ailleurs *vous luy mettez la bouche dans la poussiere !* Mais vous ne fournissez ny des paroles ny des idées plus nobles à l'Eglise, quand elle nous dit

Lettres p. 271.

p. 226.

p. 75.

p. 157.

à l'aide de vôtre organe : *Aprés nous avoir tous pulveri-* Lettres à Mlle p. 234.
sez le jour des Cendres, desenflés-vous ; entrez dans vôtre néant ; tenez-vous là. Desenflez-vous! quelle image ! Vous prétendez encore la consacrer par l'autorité de l'Eglise, qui nous parle en ces termes, *desenflez-vous*. Pour le moins, M. vous deviez vous-même prononcer ce *desenflez-vous*, & ensuite nous l'appliquer plûtôt qu'à d'autre, si vous ne pouviez étoufer une aussi belle production de vôtre esprit. Le *desenflez-vous* ne nous eût pas plus scandalisez, que de nous dire, *vous ne devez toucher la terre que pour bondir*. On doit, M. faire parler JESUS-CHRIST & l'Eglise d'une maniere plus auguste & plus décente.

Pour

Pour éviter ces plaintes, qui ſont de vôtre ſtyle; *je leur ferois plaiſir, ſi je les diſpenſois... de me rendre graces*, vous nous propoſez en forme de motif une énigme inexplicable: c'eſt *de deſirer de recevoir un corps qui fût en un certain ſens auſſi ſpirituel que l'ame; qui vecût comme elle d'amour & de loüange. Ce deſir*, ajoûtez-vous, *ſera un jour rempli: mais pour ceux*, ce correctif eſt finement ironique, *mais pour ceux qui en auront demandé l'accompliſſement*. Les autres donc qui n'auront pas reçu *un corps en un certain ſens auſſi ſpirituel que l'ame*, *un corps qui aime & qui louë, qui adore & qui rende graces*, ne reſteront que des hommes ordinaires, compoſés d'un corps & d'une ame, leur corps ſera toûjours corps, & jamais ame; jamais leur corps n'aimera, ne loüera, n'adorera, ne rendra graces. Hé, M[r]. vous parlez aux hommes un langage obscur, incompréhensible, *en un certain sens* que vous n'éclaircissez point; & vous faites à Dieu des commentaires, vous prouvez en forme quand vous luy parlez. Telle est vôtre priere raisonée sur ce passage de Job : *Je n'ay que les levres. Cela est vray à mon égard, dans un autre sens, ô mon Dieu.* Cet autre sens, ce certain sens, que vous laissez aux hommes incertain, vous en faites à Dieu l'explication. *Il est vray que je n'ay que les levres*, comme Job, *car je n'ay que le discours*. Il n'est pas vray que je sois dans les mêmes dispositions de cœur que ce

Lettres p. 283.

ſaint homme, *car je dis bien des choſes dont vous ſçavez que je n'ay ny le ſentiment ny la réalité.* La diſtinction eſt intelligible, Mr. mais celle *d'un corps qui ſoit en un certain ſens auſſi ſpirituel que l'ame*, ne l'eſt pas ; je répondrois bien corps pour corps, que vous n'avez *ny le ſentiment ny la réalité* d'un corps qui ſoit eſprit autant que l'ame en un certain ſens ; qui aime, qui louë, qui rende graces. Vous êtes meilleur Longicien, M. quand vous priez Dieu que quand vous inſtruiſez les hommes. Venons à quelque choſe de plus plauſible, qui eſt l'exemple des ſaints Solitaires.

Qu'euſſent penſé ces Hommes divins de la vie d'un Chanoine, qui paſſe quelques heures de la matinée à l'Eglise ; qui n'y va qu'une fois aprés midy.... qui se plaint de la longueur d'un Office qui n'occupe que la quatriéme partie de chaque jour? Ce qu'ils eussent pensé? *Que la longueur & le nombre des Offices lui laissent à peine le loisir de respirer ; que tout est marqué & pour les exercices & pour le temps ; que la liberté ne peut presque plus abuser de rien ; que l'obeïssance a tout sanctifié en se le reservant ; que l'inconstance & la legereté sont fixées pour toûjours.* Vous le pensez ainsi, M[r]. au commencement de cette seconde Partie. Les saints Solitaires s'en seroient ils tenus-là? Parce qu'il n'est point pour eux *de ces tems où la sentinelle ne veille pas sur ce qui entre dans l'esprit, & que tous les vents ne les remuent point.*

Mais voicy bien d'autres objets plus dignes de vôtre attention ; ce sont Nosseigneurs les Prelats. Je reservois pour la fin de cet Ecrit, une réponse à vos injustes plaintes sur la maniere dont l'Office divin se recite aujourd'huy. Le zele & la vigilance de nos Superieurs attentifs à maintenir la regle dans leurs Chapitres, m'offroient des armes puissantes contre vos invectives ; & vous me coupez chemin, en les amenant dans vôtre party : car je ne puis me persuader que sans leur aveu positif vous osassiez leur faire la Mercuriale avec plus d'autorité, que si vous étiez à la tête du Clergé de France.

Des Evéques chargés de grandes occupations, se delassoient par de longues veilles employées à la

Priere. Il y a eu des ſiecles où la France ſeule en fournit beaucoup d'Exemples. Aprés cet Exorde, vous prenez la Mitre & la Croſſe, & vous dites: *Nous devons étre bien humiliés de regarder comme un fardeau ce qui faiſoit leur conſolation, qui adouciſſoit le joug peſant de l'Epiſcopat. Nous n'avons que leurs délices, & non leurs ſoins; leur ſainte joye, & non leurs inquietudes; leur repos, & non leurs contradictions. Cependant ce qui faiſoit leur raviſſement nous afflige.* Nous avons leur ſainte joye d'une part; & de l'autre, ce qui faiſoit leur raviſſement, nous afflige? Leur ſainte joye & leur raviſſement, ne ſont-ce pas la même choſe? Quelle torture, M^r. vous donnez à vôtre eſprit pour paroître ménager nos Prelats par ces temperamens *de délices*, *de joye*, *de repos*, que vous canonisez exprés dans la personne des saints Evêques des siecles passés! Quel détour pour être en droit de censurer ceux de nos jours, sur ce qu'ils se déchargent, à vôtre avis, des inquiétudes essentielles à l'Episcopat! Vous ne couvrez pas assés vôtre jeu pour d'aussi bons yeux, M. vous vous trahissez aussi-tôt par les châtimens affreux dont vous menacez leur ingratitude.

Ne craignons-nous point que Dieu ne nous ôte son Royaume, pour le transporter à des hommes plus reconnoissans? N'apprehendons-nous point qu'il ne voye dans nos cœurs ces secrettes excuses par lesquelles nous nous défendons d'aller au festin? qu'il ne nous dispense de le louër & de l'aimer toûjours, puisque nous en trouvons la loy si dure en cette vie? N'ay-je pas accusé juste, M. Que cachiez-vous sous ces noms de *délices*, de *sainte joye*, de *repos*; pas moins que l'Enfer. Vous y menez par ce chemin de roses tous les Evêques d'aujourd'huy. Je leur laisse à examiner, si vous avez reçu pour cela de quelqu'un d'eux vôtre mission; mais j'examine vôtre passage de l'Evangile, par lequel l'abandon de Dieu leur est annoncé: *Fiat tibi sicut vis*. Ces paroles sont dans le Texte sacré une recompense de la foy, & dans vôtre Sermon un châtiment de l'infidelité. Abus des saintes Lettres. Vous ne les interpretez pas mieux, lorsque vous dites à Mademoiselle ***. *Il ny a plus rien* Lettre p. *à ménager ; il est temps de briser vôtre boëte de parfum sur la tête de* JESUS-CHRIST. L'action est trop violente pour representer celle de Magdelaine.

Vôtre discours aux Evêques se releve par une pensée toute neuve. *Cette vie est le Noviciat de l'autre. Nous apprenons icy ce que nous devons continuer dans le Ciel. Les yeux de Dieu qui nous éprouve, sont attachés sur nous... ses regards perçans ne s'arrêtent pas au visage.* Vous vous y arrêtez quelquefois, M. pour *ne pas laisser* à Mademoiselle ***, *la moin-* Lettre cy-dessus. *dre tâche sur le visage.* N'est-ce point pecher contre les regles du Noviciat? *Une fausse modestie ne trompe pas Dieu... un exterieur édifiant l'irrite au lieu de le satisfaire, s'il cache un* *fond de dégoût & de tristesse.*

Quel raport, M^r. entre la glose & le texte, *cette vie est le Noviciat de l'autre?* Voulez-vous dire que nous aprenons icy à ne pas avoir dans le Ciel *une fausse modestie, un exterieur édifiant; qui cache un fond de dégoût & de tristesse?* C'est le seul sens qui se presente naturellement à l'esprit; & ce sens-là ne seroit pas Orthodoxe, parce que dans le Ciel nous ne serons sujets *ny à une fausse modestie, ny à un exterieur qui cache un fond de dégoût & de tristesse.* Voila, M. de ces pensées brillantes, que vous apelleriez du *clinquant à repeser*, aussi-bien que celles-cy. *Combien cette foy seroit-elle épouvantée, si Dieu se manifestoit subitement à elle? Et quel malheur n'est-ce point, que la foiblesse*

de la nôtre nous ſuggere de ſi foibles idées de l'unique Grandeur, dont les Intelligences doivent s'occuper... Dés que l'on parle aux hommes un langage qu'ils ſoient capables d'entendre, que peut-on dire qui ſoit digne de Dieu?... L'Ecriture en s'abaiſſant juſqu'à nous, ſuccombe ſous la majeſté de Dieu, dont-elle veut nous inſpirer une veritable crainte: combien ſommes-nous coupables de ne pas former nos ſentimens ſur ſes expreſſions déja ſi proportionnées, quoiqu'elles nous pa- p. 90.
roiſſent magnifiques. Tout cela dans une ſeule page que précede cette autre penſée.... *Le premier effet de la charité eſt de tirer l'homme de l'antre obſcur où il s'étoit concentré, & où par une idolatrie affreuſe il s'étoit établi la fin de toutes cho-*

ses ; & de le soumettre pleinement à Dieu comme au souverain bien, seul grand, seul redoutable, seul principe, & seul terme de tout. Est-ce là *parler aux hommes un langage qu'ils sont capables d'entendre ?* Cependant Mr, au travers de toutes vos obscurités la correction que vous continuez à nos Prélats, se rend encore assez visible. Ils seront un jour châtiés comme les Anges rebelles ; car vous comparez aux Princes des ténebres les Princes de l'Eglise; par respect apparemment pour leur dignité ; & de crainte que la comparaison ne soit au dessous du rang qu'ils occupent icy-bas, *qui non servaverunt*
Iud. 9. *suum principatum, sed dereliquerunt suum domicilium,* Dieu *substituë des étrangers pleins d'aviditez*

d'avidité & de foy, à des Princes qui n'ont pas sçu garder leur rang, ny demeurer auprés du trône qui leur étoit préparé. Cette version de Saint Jude se conçoit-elle ? Les étrangers par raport à la foy, sont les Infideles; & ils cessent d'être étrangers, d'abord qu'ils sont pleins de foy.

Vous me le pardonnerez, M^r. si je vous avouë ingénûment qu'en général vous ne réüssissez pas dans le langage des Ecritures *Ce qu'il y a de plus foible en* JESUS-CHRIST, *est pour nous la resurrection*.... JESUS-CHRIST *est un grand homme, un Dieu même*.... JESUS-CHRIST *en étoit encore mieux instruit (si cette expression n'est point trop hardie) par sa propre experience, que par ses lumieres*. Ces manieres de parler ne conviennent point. M. *ce qu'il y a de plus foible en* Jesus-Christ... Jesus-Christ *est un grand homme, &c.*

Vos paraphrases sur l'Evangile, quand vous le citez, ne sont pas plus nobles.

Lettres p. 190.

Ce n'est point en vain que le Royaume des Cieux n'a été permis qu'aux petits : ceux qui le sont, n'ont que faire de se baisser.... La porte est taillée à leur mesure ; tous les passages sont pris sur leur hauteur ; mais il faut que les autres se courbent, se ployent, s'estropient ; & encore souvent ne peuvent-ils passer. Cette cadence de vers termine heureusement une aussi jolie description. Confessez-le-moy, M. vous qui confessez bien d'autres choses à Mademoiselle ***, n'est-il pas vray

Lettres cy-dessus.

que *la porte étroite*, dont nous parle l'Evangile, vous a paru une parabole trop simple; que vous vous êtes plu à l'embellir par ces idées? *Ceux qui sont trop petits, n'ont que faire de se baisser. La porte est taillée à leur mesure, tous les passages sont pris sur leur hauteur.* Détail trop affecté; Mais celui dans lequel vous vous préparez à descendre, promet une vaste carriere à vôtre éloquence. La multitude infinie de pechés qui viennent fondre sur nous, en est l'objet, & une sentence de vôtre Theologie en est le principe. *Quiconque est chargé de la Priere Publique, doit répondre de tout ce que cette Priere est capable de produire.* Mais jusqu'où s'étend ce que la Priere Publique est capable de produire? Vous ne présumez pas de le sçavoir. *Les pechés publics n'étoient-ils pas combattus par les Prieres des Prophetes & des Apôtres?* Ils prioient bien; vous en tombez d'accord, cependant *la juste colere de Dieu laissoit regner* alors *le desordre, l'imprudence, l'injustice, la fausse sagesse*. Et vous, M^r. vous rejettez sur un Chanoine tous ces crimes, comme si Dieu vous avoit revelé la mesure qu'il a mise entre ses graces & nos Prieres. Nôtre devoir est de prier avec attention & avec ferveur : Dieu est le maître aprés cela de prodiguer ou de ménager ses dons comme il lui plaît. Voyons le principe qui suit.

Un homme consacré à la Priere Publique, est obligé.... de rendre possible tout le bien qui ne se fait pas. Autres excés, M. Vôtre premier principe eſt ſouverainement outré ; le ſecond infiniment relâché : qui le croiroit ? L'un nous charge de tout, l'autre nous diſpenſe de tout ; car il nous oblige préciſément *à rendre poſſible le bien qui ne ſe fait pas*. Et ce bien qui ne ſe fait pas, eſt déja poſſible à chaque particulier avant ma priere. La grace ne manque à qui que ce ſoit pour rendre poſſibles ſes devoirs. Si la grace de l'action manque à quelques-uns, ils ont toûjours celle de la priere pour obtenir l'autre. *Nôtre pauvreté* n'eſt jamais telle que vous la faites, *telle que nous manque, & la priere même*. Non, M. la converſion d'un pecheur n'attend pas ma priere pour luy devenir poſſible. Où ſeroit la juſtice de Dieu, Lettres p. 132.

s'il attachoit la possibilité du salut de l'homme à la volonté d'un autre homme ? Vous semblez pourtant le décider, car *les besoins de tous les particuliers .... se convertissent à nôtre égard en autant de cris...* parce qu'*ils se reposoient sur nos soins & nôtre charité.* Tout homme donc qui se livre au crime, trouve desormais son excuse prête. Je me reposois, dira l'un, sur les soins de nos Chanoines ; l'autre, sur la charité des Peres Benedictins ; celuy-cy, sur les prieres de ma Paroisse. Pourquoy la continence, l'humilité, la tempérance ne leur ont-elles pas été renduës possibles ? Les gens consacrés à la priere publique *y sont obligés*, ils en ont fait voeu. Je ne veux pas conjecturer, M^r. d'où peut naître en vous une haine aussi implacable pour les Institutions de l'Eglise : car vous en détournez opiniâtrément tous les fideles dans vôtre premiere Partie; vous y animez contre nous les descendans de nos anciens Fondateurs : & dans la seconde Partie c'est *tout l'Univers armé*, *tous les Royaumes*, *toutes les Provinces*, toutes les Villes, toutes les Conditions, *tous les Particuliers*, *dont les besoins se convertissent à nôtre égard en autant de cris*.

Vous vous flatez aprés cela, que nous vous sçaurons bon gré de ce que vous nous épargnez ; *de ce que vous ne faites que marquer legerement le détail immense* des pechés qui s'élevent contre nous. La raillerie n'est pas icy à sa place; mais on vous la passe volontiers, parce qu'elle est sans consequence. Pour soutenir le *détail immense* de nos pechés, il falloit d'autres principes que les vôtres, s'il est vray que vous en ayez. Car je n'appelle pas principes, toutes propositions que l'on hazarde dans un Livre, aprés quoy l'Auteur pousse toûjours sa pointe, sans penser qu'il porte autant de coups perdus, qu'il prononce de paroles. Il s'agit de voir si ces principes même vrais, ne sont point exposez dans un faux jour; s'ils se raportent tous ensemble, afin que les consequences fassent l'impression que nous desirons. Pour vous, M. vous n'y êtes pas si scrupuleux; j'en ay à la main un exemple tout récent.

Quiconque est chargé de la

priere publique, *doit répondre de tout ce que cette priere est capable de produire*. Qui le sçait, ce que cette priere est capable de produire? Principe donc mal conçu. Vôtre conclusion néanmoins est, qu'un Chanoine ou un Pere Chartreux sont responsables de tous *les malheurs qui inondent la terre*. Par là, Mr. vous prophetisez temérairement *la proportion que Dieu a mise entre ses dons & nos prieres*; & vous ne songez pas à ce que vous dites dans la suite si sagement: *Dieu seul connoît la proportion qu'il a mise entre ses dons & nos prieres*. Mais je m'apperçois que je m'égare en vous suivant de trop prés, Mr. Où est donc le but de cette seconde Partie? Vous y annoncez *les motifs qui doivent consoler un*

Ecclesiastique obligé par son état à de longues prieres; & à la reserve de quatre ou cinq pages, tantôt vous déplorez nôtre indifference, tantôt vous accusez l'ingratitude des Evêques d'aujourd'huy, tantôt vous gemissez sur *l'affoiblissement des Monasteres où quelquefois la severe discipline s'est mieux conservée que la pieté, &c.* Ce ne sont là que vos moindres écarts, l'essentiel est ce *détail immense* de nos crimes, qui remplissent les deux tiers au moins d'une partie destinée à *nous consoler*. Que ne l'avez-vous plûtôt intitulée, *Formule nouvelle de Confession, qui doit désoler un Ecclesiastique comptable des iniquites de tout l'Univers?*

Enfin pour conclurre ces motifs de consolation, qui

nous étoient promis, vous vous desesperez, par un dépit inopiné, de nous convertir. *L'on tenoît à ce fond de corruption, que la plûpart des hommes sont ennemis de la Priere; qu'en vain on la rendroit plus courte à leur égard, elle n'en deviendroit pas plus sainte.* Ce dernier coup renverse toutes lés fondations pour l'avenir. Vous n'aviez que trop preparé jusqu'icy vos intentions sur ce point; mais aprés un arrêt aussi clair & aussi décisif contre nous, il n'est plus de fidéle qui voulût desormais recourir à nos Prieres, puisqu'elles se convertiroient en autant de pechés que vous l'avez pretendu dans vôtre premiére & dans vôtre seconde Partie, quand on les rendroit même plus courtes. Vôtre troisiéme Partie ne détruira pas un projet poussé avec tant de persevérance; les moyens qu'elle renferme pour bien prier selon vos vuës, ne serviront qu'à mettre encore plus en évidence les abus communs & necessaires de la Priere publique.

1. Moyen. *Le seul veritable moyen* de bien prier, *est de demander*
Zach. 12. 10. *à Dieu l'esprit de grace & de priere, spiritum gratiæ & precum*, & *de l'obtenir*. Par ce premier trait de plume vous faites une rature qui s'étend sur les treize moyens suivans. Celuy-cy est le *seul*, celuy-cy est le *veritable* : ainsi les autres, au jugement de tout homme sensé, sont inutiles & faux. Vous en avértirez dans l'*Errata* de vôtre cinquiéme édition M'. car je sçay que l'on envoye *gratis* des pa-

quets

quets de la Priere publique en ſi grand nombre, que le Libraire peut à peine y ſuffire. Quiconque vous connoit un peu, M. n'eſt point ſurpris de ce liberal empreſſement. Il eſt bon que perſonne n'ignore, s'il eſt poſſible, vôtre découverte ſur le moyen de bien prier, qui eſt de demander l'eſprit de priere, & de l'obtenir. Moyen d'autant plus ſingulier, que vous en êtes le créateur; d'autant plus utile, qu'il eſt le ſeul & veritable tout-à la fois. Il faut retenir bien ces deux choſes, qui en font l'excellence, de peur qu'on ne s'aviſe d'en employer quelque autre pour bien prier. Mais ce qui doit donner vogue à ce moyen admirable; eſt qu'on peut l'appliquer à tout ce qu'on ſouhaite obtenir dans la vie. Le moyen d'avoir une bonne Abbaye, est de la demander, & de l'obtenir. Le moyen d'être Maréchal de France, est d'en demander le bâton, & de l'obtenir. Quoy de plus facile? Cependant avec un moyen aussi efficace, je ne suis pas encore content, M. Il est question de nous apprendre à bien prier. Demandez, dites-vous, l'esprit de priere, & l'obtenez, c'est le seul & veritable moyen de bien prier. Mais cet esprit de priere, comment l'obtenir? *Luy seul connoît ce qu'il faut demander: luy seul peut le demander comme il faut pour l'obtenir.* Je ne sçaurois donc, sans l'avoir déja, ny connoître qu'il faut que je le demande, ny le demander comme il faut pour l'obtenir. L'eſprit de priere eſt donc le ſeul & veritable moyen de demander & d'obtenir l'eſprit de priere, qui eſt le ſeul veritable moyen de bien prier. Premier embaras, M.. donnez-moy la main, je vous ſuplie, pour m'en retirer.

L'eſprit de priere eſt incompatible avec mille imperfections que l'on aime... une legereté impunie eſt capable de l'éloigner. p. 67. Qui pourra donc obtenir ce don ſi pur, qu'il ne compatit pas avec une imperfection? qui pourra le conſerver ce don ſi delicat, qu'une legereté impunie eſt capable de nous l'enlever? *Il ne faut qu'une infidelité* legere *en matiere d'humilité, pour éloigner long-temps l'eſprit de priere.* Lettres p 119. Ainſi les juſtes même, s'ils ne ſont ſouverainement parfaits,

prient toûjours mal. L'esprit de priere, seul veritable moyen de bien prier, ne peut souffrir la moindre faute, quoiqu'il en soit. *Si l'on ne peut,*
p. 52. dites-vous, *s'affliger même d'une si grande indigence.... l'aveu d'une si triste disposition, s'il est humble, & soutenu par l'esperance, obtiendra qu'elle change :* mais *c'est par cet esprit*, ajoûtez-vous aussi-tôt, *qu'on est religieux, qu'on est fidele, qu'on est humble..... luy seul peut demander comme il faut pour obtenir.* Autre embaras que vous me ferez plaisir de démêler. Cependant, M. quel secours nous presentez-vous pour élever nos prieres à ce degré de perfection, sans lequel vous déchargez sur nous les iniquités de tout l'Univers? Treize moyens à

choisir? Vous n'aimez pas assez les fondations, pour rendre par là les devoirs plus aisés à l'égard des Corps qui les acceptent Le premier moyen de bien prier est le seul veritable; & tout difficile qu'il est aux plus grands Saints, de l'obtenir & de le conserver long-temps; c'est encore par luy seul que je puis en obtenir le saint usage, selon vos principes Que conclure, M? Que vos moyens nous ont facilité la priere, comme vos motifs nous ont consolés: qu'*en vain on rendroit plus courte cette priere, qui n'en deviendroit pas pour cela plus sainte*; *& que les biens confiés à la charité*, lorsque les fideles font des fondations; *sont transportés à la cupidité son ennemie*. Je vous laisse à penser, M, de

x. Moyen. p. 195.

quel œil seront desormais regardés tous les hommes consacrés à la Priere Publique.
Lettres *On ne peut s'empêcher d'ordinaire de juger de la vertu par les personnes vertueuses*, dites-vous ; *& il y a peu de scandale qui ait de plus dangereuses suites que celuy que donnent les gens de bien.* Quelles seront donc les suites du scandale que donnent par vôtre ministere *les plus fervents* même parmy nous ?

Mais avant de finir, M , j'ay quelques scrupules sur vôtre doctrine, que je vous conjure de vouloir bien m'éclaircir, vous qui penetrez *dans les pensees, quoiqu'elles ne soient pas distinctes.*

1. Il y a de l'apparence que nous pouvons dans vos principes pecher grievement sans

liberté, c'est-à-dire, en ne faisant pas l'impossible. Voicy, M. comment je raisonne, aprés avoir emprunté de vous mes deux propositions, dont celle que je viens d'avancer est une consequence évidente, si je ne me trompe.

On peche grievement, quand on n'a pas l'attention que vous exigez de nous, puisque *Dieu demandera compte à quiconque est chargé de la Priere Publique, de tous les maux* dont vous faites le détail; & que *ce compte paroîtra devant le juste Juge, bien horrible & bien effrayant*. Or il est impossible à l'homme d'avoir l'attention que vous exigez de nous: car pour l'avoir, il faut 1°. être exempt de tout peché veniel. *Une curiosité, une legereté impunie, &c. sont incompatibles*

2 Partie. p. 28. 32. 35.

2. Partie. p. 33.

3 Partie. p. 243.

Lettres p. 119. *avec l'esprit de Priere. Une infidelité legere en matiere d'humilité l'éloigne long-tems.* Il ne suffit

3. Partie p. 77. pas 2.. de veiller sur soy, ny de faire un penible effort pour éloigner les distractions. Ainsi les distractions qui ne nous sont plus volontaires lorsque nous veillons sur nous, & que nous faisons un penible effort pour nous en garentir, sont autant de pechés, dont nous répondrons, au juste Juge. Mais n'est-ce pas là pretendre, que les Commandemens de Dieu sont impossibles à des justes, qui desirent & qui tâchent de les garder selon les

3. Partie p. 77. forces qu'ils ont alors? 3°. Le remede unique aux distrac-

1. Partie p. 21. tions est de guerir toutes les maladies du cœur: & *il est visible que c'est demander aux hommes ce qui ne convient qu'à*

Dieu.... lui seul peut répandre la charité dans le cœur : Charitas ex Deo est. Cette charité, que vous appellez dans vôtre troisiéme Partie, *un amour sincere & profond.* Par consequent, M. nôtre guerison ne dépend de nous en aucune maniere ; mais de Dieu uniquement. Que si elle ne dépend que de Dieu, nous est-il libre d'être gueris ? Cependant nous rendrons *un terrible compte au juste Juge de tous les maux de l'Univers*, qui sont les suites de nos maladies, dont la guerison ne dépend de nous en aucune maniere. N'est-ce pas icy pecher griévement sans liberté ?

p. 77.

2. Part. p. cy-dessus.

4°. Le seul moyen de guerir les maladies du cœur, est *un amour de Dieu sincere & profond.* Mais il est constant que tous les hommes n'ont pas cet

3. Part p. 77.

amour profond, que *Dieu seul peut répandre dans le cœur*. Dieu n'accorde pas à tous les mêmes graces; encore moins une grace aussi singuliere que l'est celle d'un amour sincere & profond, par lequel vous entendez une charité parfaite:

Ibid. car *les autres qui ont un amour plus foible.... disputent presque toûjours inutilement contre les pensées qui interrompent leurs Prieres*. 5. Le seul moyen d'obtenir cet amour profond & sincere, est la Priere; puisque

3 Par tie p. 8. *si nous avons de la foy, nous ne devons demander que cette grace, qui nous apprend à user bien de tout le reste* Et la Priere neanmoins ne peut, selon vous, obtenir cet amour sincere & profond, si elle n'est animée par ce même amour. Quiconque donc n'a pas cet

amour, eſt dans l'impoſibilité de l'obtenir. Nous pechons donc griévement en ne faiſant pas ce qui nous eſt poſſible, en n'empêchant pas tous les maux de l'Univers que Dieu nous imputera, quoyqu'il ne nous ſoit pas libre de les détourner.

2°. Je ne comprends pas aſſez, que le commandement de Dieu ſoit, ſelon vous, poſſible à l'homme dans l'occaſion indiſpenſable d'obéir à la loy divine. Je ſuppoſe un pecheur qui n'ait que la grace de la priere, telle que l'exprime le Concile de Trente. En ce cas le pecheur preſſé d'une tentation tres-violente, ſemble dépourvu, dans vôtre ſyſtême, de tout moyen pour reſiſter. Comment cela? C'eſt çu'il y eſt réduit à l'im-

puissance de prier comme il faut pour obtenir le secours qu'il implore en cet extreme besoin : car *l'esprit de priere peut seul demander comme il faut pour obtenir*. Et ce pecheur ne le peut actuellement avoir, selon vous. *Il faut pour obte-*
I. Moyen. p. 67. *nir ... l'esprit de priere, beaucoup de vigilance, de mortification & d'humilité... L'esprit*
I. Moyen. p. 119. Lettres p. 69. *de priere est incompatible avec mille imperfections que l'on aime... Une infidelité en matiere d'humilité l'éloigne long-temps*. D'où il est manifeste que le pecheur dans nôtre supposition ne peut actuellement avoir l'esprit de priere, secours absolument necessaire en la conjoncture pressante où il se trouve.

VII. Moyen p. 141. Vous me répondrez, M[r] : *Rien de plus juste que de refuser*

ser à de telles personnes.... la grace même de la priere, dont elles ont tant d'éloignement. Et moy je tire de vôtre principe cette consequence. Rien n'est plus juste que de commander à de telles personnes de resister à la tentation, & que de leur ôter en même temps tout secours pour y resister, sçavoir, la grace même de la priere, qui est leur derniere planche dans le peril évident du naufrage.

Il ne me paroît pas, M[r]. que cette consequence vous ait intimidé, toute terrible qu'elle est, ou que du moins vous l'aviez prévûë, quelque plausible qu'elle soit; puisque vous venez de dire plus haut: *nôtre pauvreté est telle à l'égard de Dieu, que tout nous manque, & la priere même.* Or un Theolo- VII. Moyen. p. 232.

gien qui traite les dogmes de la Foy, peut-il dire crûment, que la priere me manque, parce que je suis *incapable de former*, sans l'assistance de Dieu, *un bon desir*? N'est-ce précisément par la possession ou par la privation d'une grace, que vous devez prononcer que je l'ay, ou qu'elle me manque? à moins que vous ne prétendissiez que la grace nous manque dés que nous n'en faisons pas un bon usage. Mais la priere, en quelque sens que vous la preniez icy, manque si réellement, si totalement au pecheur, ce me semble, que *rien n'est plus juste que de refuser à de telles personnes... la grace même de la priere, dont elles ont tant d'éloignement &* *que la priere même qui demande la priere, est une grace singu-*

lée, laquelle par cette raison ne s'accorde pas à tous. Ainsi, M. appellez-vous *une grace signalée, que d'être détrompé avant le dernier jour*, parce qu'il y en a beaucoup qui vont *au tribunal de* JESUS-CHRIST *avec une confiance inspirée par l'erreur*. Ce qui montre bien, que par le mot de *grace signalée*, vous entendez vous-même une grace singuliere que nous n'ont pas. Mais en cet état, M^r. où le pecheur seroit sans la grace de la priere, que deviendroit-il? On diroit que vous le condamnez à ne pouvoir plus que pecher. *N'estimez point les vertus*, dites-vous, *si elles ne naissent de l'esprit de* JESUS-CHRIST *hors de cette vigne salutaire, nous ne pouvons porter de fruit; ou celuy que nous portons, ne peut*

VIII. Moyen. p. 154.

Lettres p. 84.

meriter que la mort Ainsi le pecheur, separé de J. C. détaché de cette vigne salutaire, porte des fruits qui ne peuvent meriter que la mort, toutes les fois qu'il agit par l'honnêteté naturelle, par le motif d'une vertu purement morale. Autant d'œuvres dignes de la mort! autant de pechés! Ce n'est pas là le sentiment du Pape Pie V.me qui condamne cette proposition: *Tout ce que fait le pecheur, ou l'esclave du peché, est peché.* C'est-à-dire, un fruit qui ne peut meriter que la mort.

Omne quod agit peccator, vel servus peccati, peccatum est.

En effet, M. conformément à cette doctrine, vous paroissez insinuer que l'homme ne peut faire aucun bien, ny plaire jamais à Dieu, que par le seul motif d'une charité aussi parfaite que vous nous la dépeignez. *Dieu ne prête l'oreille qu'à la charité. Ad cor hominis, aures Dieu.* Au lieu de vous en tenir sur ces paroles, au sens litteral de Saint Augustin que vous citez à la marge. *C'est le cœur que Dieu écoute : Ad cor hominis, aures Dei ;* vous traduisez à vôtre maniere: *Dieu.. . ne prête l'oreille qu'à la charité.* De là, Mr. vous concluez assés directement : *Si nous avons de la foy, nous ne devons demander que cette grace*, cette charité, *qui nous apprend à user bien de tout le reste, & dont nous ne sçaurions jamais abuser* Remarquez, je vous prie, Mr. que ces propositions, *Dieu ne prête l'oreille qu'à la charité. . . . nous ne devons demander que cette grace*, sont exclusives ; & qu'ainsi elles rejettent tout ce qu'elles ne renferment pas en elles-

III. Moyen. p. 82.

Ibid.

III. Moyen. p. 84.

mêmes. De ſorte qu'en bonne Theologie il s'enſuit néceſſairement ces deux conſequences. 1°. *Dieu ne prête l'oreille qu'à la charité :* donc il ne la prête pas à la crainte. 2°. *Nous ne devons demander que cette grace :* donc nous ne devons pas demander la crainte ; ou ſi nous la demandons , c'eſt manquer de foy. David cependant en manquoit-il, quand il conjuroit le Seigneur de vouloir bien le penetrer de ſa crainte ? *Confige timore tuo carnes meas.*

Reprenons, M. en conſequence de nôtre foy, *ſi nous en avons*, nous *ne devons demander que la charité* , parce que *Dieu ne prête l'oreille qu'à la charité :* ainſi en conſequence de nôtre foy , *ſi nous en avons*, il ne nous eſt pas permis de demander la crainte ; parce que Dieu ne prête pas l'oreille à la crainte. Ainsi ce n'est plus une vertu Chrêtienne, Dieu n'en écoute plus les gemissemens, faute de foy : & le Prophete neanmoins en avoit une tres-vive, je vous le repete, lorsqu'il conjuroit le Seigneur de vouloir bien le penetrer de sa crainte.

J'attends sur tous ces Articles, M. quelques éclaircissemens de vôtre part. Peut-être que je ne les merite pas ; mais du moins vous les devez à d'autres motifs assés puissans : car vous n'êtes pas à sçavoir, que l'Eglise veut, dans un Auteur qui traite le dogme, des termes aussi clairement Orthodoxes que le peuvent être les sentimens. Une expression suspecte ou erronnée lui man-

que une doctrine suspecte ou erronée; & les paroles qui representent naturellement à l'esprit la pensée d'un livre soit sa regle pour le condamner ou pour l'approuver sans aucun autre égard. Un homme de vôtre caractere, M. n'ignore pas l'exactitude de l'Eglise sur ce point : elle va jusqu'à exiger d'un Auteur Catholique, qu'il n'ajoûte ny n'omette un seul mot, même susceptible d'un sens condamnable. Par exemple, M. vous dites *des loix divines qui sont inséparables de la vertu:*
Lettres p. 44. *On ne peut même s'excuser par l'ignorance, parce que c'est un crime que de les ignorer.* Mais cette proposition, *on ne peut même s'excuser par l'ignorance,* ne seroit-elle point sujete à censure ? car elle est genera-

le dans toute ſon étenduë, ce qui la rend fauſſe ; vû qu'il y a une eſpece d'ignorance qui peut excuſer, & qui excuſe en effet. Vous n'avez pas oublié, M^r. qu'Alexandre VIII. cenſura la Theſe de Dijon ſur le Peché Philoſophique, préciſément parce que le Theologien avoit pris en general, comme vous le faites, le mot d'*ignorance* : au lieu que la même Theſe, ſoutenuë par le P. Duffi Franciſcain, revint de Rome ſans y avoir été taxée de ſcandaleuſe, de témeraire, &c. par la raiſon ſeule, que ce dernier avoit ſpecifié le mot d'*ignorance* ; ce que vous ne faites pas. Mais puiſque cette derniere propoſition eſt tirée de vos Lettres, M^r. elles termineront ce premier entretien avec vous.

Croyez-vous que si je parlois ou si j'écrivois à une Demoiselle de mes Penitentes, je pusse prudemment imiter le ton sur lequel vous parlez ou vous écrivez à Mademoiselle *** ? Pourois-je encore parler ou écrire comme vous, à une Religieuse qui seroit
Lettres p. 69. sous ma conduite? *Estimez... l'exemption de la peine de la premiere femme... le desir que le siecle finisse, & l'état où vous vous étes mise pour ne rien contribuer à sa durée.* Hé, M quel texte vous choisissez pour exhorter vos filles en Dieu !
Lettres p. 32. *Tant de Religieuses sont si peu précautionnées sur des liaisons trop tendres, combattent si mollement le desir de plaire ... & tombent dans cette espece de folie qui paroît incomprehensible, d'avoir renoncé à ce qui étoit*

légitime... à un époux, *à la ſecondité, pour mettre à la place de ces liaiſons juſtes, des enfances, &c.* Quel diſcours pour des oreilles chaſtes! quelle inſtruction pour des Novices! Tout cecy, M^r. doit avoir ſa place parmy les *Fautes à corriger*, dans la premiere édition que vous ferez de vos Lettres. Je m'offre à en être volontiers le Réviſeur; je vous aſſure que rien ne ſe paſſera ſans avoir été pezé ſur ces paroles de l'Apôtre aux Epheſiens: *Omnis immunditia.... nec nominetur in vobis, ſicut decet ſanctos.*

FIN.

CPSIA information can be obtained
at www.ICGtesting.com
Printed in the USA
BVHW071052020919
557346BV00011B/1295/P